Geschäftsreise-Analyse

Hans Lehrburger

GESCHÄFTSREISE-ANALYSE
MIS im Travel Management,

eine Marktübersicht

Travel Management Aktuell

Herausgeber: Gerd Otto-Rieke

Band 3

ALABASTA VERLAG 2000

ALABASTA VERLAG 2000
Heide Rieke
Am Schnepfenweg 52
80995 München

All rights reserved.
Originalausgabe
1. Auflage, 2001
Redaktionsschluß: Juli 2001

Die Reihe »Travel Management Aktuell« erscheint
unter der Schirmherrschaft der Lindner Hotels AG und in Zusammenarbeit
mit der VDR-Akademie, Institut für Geschäftsreisemanagement.

Gestaltung und Herstellung: g&gD.sign, München
Druck: Freiburger Graphische Betriebe

Die Deutsche Bibliothek - CIP-Einheitsaufnahme
Lehrbuger, Hans:
Geschäftsreise-Analyse: MI3 im Travel-Management / Hans Lehrburger. -
München: Alabasta-Verl. 2000, 2001
    (Travel-Management aktuell ; Bd. 3)
    ISBN 3-9806170-6-8

INHALT

7	**Einleitung**
15	**Grundsätzliches**
16	**Trends**
20	**Banken und MIS**
20	■ Die Besonderheit von VISA
22	■ Die Enhanced Data Platform
25	**Angebote der Banken in Deutschland**
25	■ Deutsche Bank
25	■ Dresdner Bank
31	■ Berliner Bank
32	**MIS in der Hotellerie**
33	■ Das Beispiel Cordira.com
39	■ Das Beispiel HRS
41	**MIS bei Mietwagen und Bahn**
43	**MIS von Reisebüros**
45	■ Karat Info-World von TQ3
48	■ Net-Q von Lufthansa City Center
49	■ Portico von BTI Euro Lloyd
50	■ InterAct von Carlson Wagonlit Travel
51	**MIS von Start Amadeus**

56	**MIS von SAP**
58	**MIS und Kreditkarten**
58	■ Allgemeines
61	■ Wo und wie entstehen MIS-relevante Daten?
67	**MIS-Entwicklungen in Unternehmen**
68	**Kreditkarten im MIS**
70	■ Die grundlegenden Unterschiede der Kartensysteme
77	■ Vor- und Nachteile von zentralem und dezentralem Kartenkonzept
85	**MIS-Produkte der Kreditkartenunternehmen**
85	■ AirPlus Netto PC
90	■ AirPlus ArteMIS
94	■ American Express Flight Power
96	■ Bank Santander SmartMIS
100	■ Diners Club Global Vision
101	■ VISA InfoSpan
102	**Wie viel MIS benötigen wir wirklich?**
103	**Das V-KON-Programm**
104	**Abkürzungsverzeichnis, Glossarium**
121	**Über den Autor**

EINLEITUNG

Wer den komplexen Bereich Geschäftsreise in den Griff bekommen will, muss sich permanent um vier Bereiche kümmern:
- die Aktualisierung von Reiserichtlinien,
- das »Streamlining« von administrativen Abläufen,
- die Optimierung der Einkaufsrahmenbedingungen und
- die Budgetplanung und -kontrolle.

Eine umsichtige Entscheidungsfindung gelingt dabei allerdings nur, wenn die eigenen Nachfragestrukturen transparent werden. Der Travel Manager muss daher unternehmensinterne und externe Daten definieren, erfassen, sammeln, zusammenfassen, komprimieren und analysieren und daraus Erkenntnisse gewinnen, die den Unternehmenszielen nützen. »Hohe Produktivität« gehört typischerweise zu diesen Zielen, was für den Bereich Geschäftsreise zum Beispiel bedeutet
- eine Senkung der Reisekosten zu erreichen,
- ein steigendes Reiseaufkommen ohne Erhöhung der bisherigen Ausgaben zu bewältigen und

– Preiserhöhungen durch die Leistungserbringer (Airlines, Hotels, Autovermieter, Bahn, Kreditkartenunternehmen und so weiter) zu vermeiden oder zu mildern.

Ohne aussagekräftiges Zahlenmaterial geht das nicht. Deswegen wurden - seit den 1960er Jahren computerunterstützt - sogenannte Management Information Systems (MIS) entwickelt, die mittlerweile auch auf die Bedürfnisse des Travel Managements ausgerichtet sind. Sie sollen »nackte Daten« in verwendbare Informationen verwandeln.

Was ist MIS, woher kommen die Daten und vor allem: wofür brauchen wir ein MIS?

Grundlage von Management Information Systems sind Datenbanken. Welche Daten überhaupt in Frage kommen, hängt von der Zielsetzung ab. Soll das MIS beispielsweise nur Umsätze saldieren oder Trends errechnen oder Soll-Ist-Vergleiche anstellen?

Betrachtet man den »Regelkreis Travel Management« (Planung →Reisemittelbeschaffung →Reisedurchführung →Reiseabrechnung →Kaufmännische Abwicklung →Controlling), so entstehen bei der Reisemittelbeschaffung, der Reisedurchführung, der Reisekostenabrechnung und beim Controlling Kennziffern für das MIS im Travel Management.

Diese Kennziffern wiederum dienen dem Einkauf und damit der direkten Steuerung des Reiseverhaltens der Mitarbeiter im Unternehmen. Diese Steuerung hat direkte Auswirkungen auf die Ausgaben und dient somit den quantitativen Zielen im Travel Management, nämlich der Realisierung von Vorteilen bei direkten Reisekosten.

Kostensenkungspotentialen kommt man mit Hilfe von Management Information Systems auf die Spur durch

– die Feststellung und permanente Überprüfung der Nachfrage sowie
– die Identifizierung von Schwachstellen in der Beschaffung und Abrechnung.

Welche Fragestellungen sind für das Travel Management sinnvoll? Zum Beispiel:

– Wie setzen sich die Ausgaben für die Beförderungsleistungen zusammen?
– Welches sind im Airlinebereich die »Rennstrecken«? Wo und mit welcher Fluggesellschaft lohnt sich der Abschluss von Corporate Net Fares? Wie kann ich steuern,

um die Einnahmen durch V-KON zu steigern (VDR Konsolidierungsprogramm für die Airlineumsätze kleinerer und mittlerer Unternehmen; Erläuterung Seite 103)?
- Wird auf der Strecke von A nach B die präferierte Fluggesellschaft gebucht?
- Wie entwickeln sich die Ausgaben für Leihwagen? Wo sind die Preistreiber in diesem Bereich?
- Werden die vorhandenen Hotelabkommen genutzt, oder werden andere Hotels gebucht - wenn ja, warum?
- Können auf Grund von hohem Aufkommen an einem oder mehreren Standorten gegebenenfalls Kontingentverträge mit der Hotellerie geschlossen werden?

Antworten auf derart praxisbezogene Fragen geben die gängigen MIS. Sie sind bei weitreichenden Entscheidungen (zum Beispiel bei Reisebüroausschreibungen) von essenzieller Wichtigkeit.

Welche Datenbanken stehen dem Travel Manager denn überhaupt zur Verfügung?
Intern können Informationen aus Reisekostenabrechnungssystemen, aus der Kostenrechnung und aus vorgelagerten

Administrations- und/oder Workflowsystemen gewonnen werden. Vorteil: Außer im Bereich Flug sind MIS-Zahlen aus internen Verfahren die präzisesten Informationen. Hier »laufen alle Fäden zusammen«; hier sind alle Ausgaben gebündelt erfasst, alle Planwerte sind durch Ist-Zahlen ersetzt. Die Ausgaben für die dienstliche Nutzung des privaten Pkw und die daraus resultierenden Zahlungen fürs Kilometergeld sind ebenso vorhanden wie die in den Hotels generierten Roomnights. Wir könnten Restaurantumsätze - ein bisher vom Travel Management vernachlässigtes Thema - mit der gleichen Präzision auswerten wie in der Regel unverhandelte Hotelnebenkosten wie beispielsweise Parkgebühren.

Trotz dieser und vieler anderer Vorteile können aber aus dieser Quelle kaum Auswertungen vorgenommen werden. Warum ist das so, warum ist die Beschaffung von Kennzahlen aus firmeninternen Verfahren in der Regel aufwendig und schwierig? Es gibt zwei Hauptgründe. Zuliefernde Abteilungen (IT, Rechnungswesen, Personal und so weiter) unterschätzen entweder die Bedeutung des Travel Managements für das Unternehmen oder setzen bei der Vielzahl der anstehenden Aufgaben die Priorität für das Travel Management niedrig an.

Eine weitere Schwierigkeit bereitet die aufwendige Wartung und Pflege im Bereich Hotel, da nicht nur alle Städte dieser Welt plausibilisiert, das heißt mittels Stammdatenfunktionen hinterlegt sein müssten, sondern für Ketteninformationen - wie bei den Kreditkartengesellschaften - auch eine permanente Zuordnung zwischen Hotel und Kette erfolgen muss. Ebenso die Hotelnamen dürften nicht »in Prosa« bei der Abrechnung erfasst werden, weil bei verdichteten Informationen ein DV-System nur gleichartige Informationen erkennen und verarbeiten kann.

Diese Aussage soll an einigen Beispielen verdeutlicht werden. Die Post kennt mindestens drei Schreibweisen von Neu Isenburg (Neu Isenburg; Neu-Isenburg; Neuisenburg); Berlin-Tegel (auch Berlin Tegel) ist ein Ortsteil von Berlin und keine eigene Stadt, und Bourg-en-Bresse (Stadt nördlich von Lyon) ist nur so richtig geschrieben.

Dass die InterCity-Hotels (oder Inter City Hotels, Intercityhotels, InterCityHotels) zum großen Teil der Steigenberger-Kette angehören, ist in der Branche bekannt, aber es gibt auch Häuser mit dem gleichen Namen, die nicht in die Kettenstatistik »Steigenberger« einfließen dürfen, da diese eben nicht zur Kette gehören.

Täglich und wöchentlich wechseln Hotels den Besitzer; ein Queens Hotel heißt über Nacht Mercure und gehört damit zu Accor; aus einem Treff-Hotel wird ein Ramada. Die Datenpflege in diesen Bereichen ist eine »never ending story«!

Die Abrechnung MIS-tauglich zu machen, würde einen hohen Aufwand erfordern. So müßten unter der Rubrik »Hotelkosten« nicht nur der Betrag, sondern auch (beispielsweise bei Übernachtungen an unterschiedlichen Orten) das von-bis-Datum sowie der genaue Ort und Hotelname aus den hinterlegten Stammdaten in eigenen Feldern eingetragen werden. Permanente Anrufe bei der Reisekostenabrechnungsstelle (»Der bereiste Ort oder das Hotel fehlt in den Stammdaten«) wären die Folge. Oder die Rubrik »Sonstige Orte/Sonstige Hotels« würden zum Renner, was für die Auswertungen allerdings unbrauchbar wäre.

Deshalb wird der Travel Manager eines Unternehmens sehr schnell die externen Möglichkeiten nutzen. Um sie geht es in diesem Buch. Es bietet somit auch eine aktuelle Marktübersicht.

Kurz und bündig

Wie entsteht ein MIS?

Einzelne Datenbankinformationen - in der Regel durch finanzielle Transaktionen entstanden - werden verdichtet, mit Zusatzdaten angereichert, gewichtet, bewertet, zusammengefasst und nach unterschiedlichen Kriterien ausgewertet.

Wofür brauchen wir ein MIS?

MIS bildet die Kennziffern für den Einkauf und damit die direkte Steuerung des Reiseverhaltens der Mitarbeiter im Unternehmen.

MIS im Unternehmen dient somit den quantitativen Zielen im Travel Management.

MIS hat das Ziel, die permanente Überprüfung von Kostensenkungspotentialen durch die Feststellung des Aufkommens sowie die Beseitigung von Schwachstellen in der Beschaffung und der Abrechnung zu gewährleisten.

GRUNDSÄTZLICHES

Grundsätzlich muss im MIS zwischen zwei Zahlen unterschieden werden: zwischen den aus Buchungen gewonnenen und den aus monetären Werten entstandenen Informationen. Alle Management Information Systems kennzeichnet, dass sie mit beiden Werten arbeiten und diese »durcheinandermischen«. »Tiefe« - durch monetäre Zahlen generierte Informationen - erhalten wir heute nur von Auswertungen im Leihwagenbereich sowie aus dem MIS der Bahn.
Hotelreports entstehen aus monetären Werten; hier werden exakte Zahlen verarbeitet. Diese sind jedoch nicht auf einzelne Leistungen aufgeschlüsselt - bei Hotelkosten Übernachtung, Restaurant, Parkgebühr und so weiter. Alle Auswertungen im Flugbereich basieren auf dem sogenannten Planwert. Das sind Auswertungen auf Couponbasis nach Ausfertigung des Flugscheines oder des PNR am Abflugtag. Umbuchungen auf eine andere als die geplante Airline werden ebenso wenig berücksichtigt wie Umschreibungen bei Streckenänderungen.

TRENDS

Firmenzusammenschlüsse, europäische und weltweite Kooperationen, das Heranwachsen der Airline-Allianzen und viele andere Dinge mehr kennzeichnen die wirtschaftlichen Rahmenbedingungen der letzten Zeit. In den Unternehmen wurden daraufhin Anforderungen definiert, wie sie bisher nur im Controlling bekannt waren, und auch die Systematik des Procurement hielt Einzug und veränderte die alten Einkaufsrituale.

Mit dem Begriff »Regelkreis im Travel Management« wurde erstmals die Bedeutung von Kennziffern auch in diesem Gebiet manifestiert.

Die »Kunst« bei Management Information Systems besteht darin, aussagefähige Daten möglichst automatisiert und unter Beachtung der geltenden Gesetzeslage und Rechtsprechung zu erzeugen und in geeigneter Form bereitzustellen. Wurde am Anfang der Entwicklung viel Papier bedruckt, so folgten PC-basierte Auswertungssysteme, und die nächste Stufe - tagesaktuelle Bereitstellung von Daten aus Host-Systemen, abrufbar über das Internet - wird zur Zeit schon von fortschrittlichen Unternehmen wie beispielsweise American Express, Santander Managementgesellschaft und TQ3 (Nachfolge von TUI Business Travel, Zusammenschluss der Geschäftsreiseaktivitäten von Hapag Lloyd und First Business Travel) angeboten.

Unternehmen bevorzugen Online-Lösungen, da diese hohe Flexibilität versprechen und geringere Kosten verursachen. Das Ziel, MIS-Daten aktuell über das Internet bereitzustellen und damit die bisherigen PC-Systeme zu ersetzen, ist unübersehbar. Gefordert werden jedoch einer GWP-Studie zufolge mehr Benutzerfreundlichkeit, einfache Bedienung, höhere Geschwindigkeit und Visualisierung bei der Erkennung von Einsparungspotentialen.

Generell rechnen die meisten Führungskräfte in den Top 500-Unternehmen in Deutschland für die kommenden Jahre weiter mit einem leichten Anstieg der Reisekosten. Die stärkste Kostensteigerung ist im Flugbereich zu erwarten, so dass Unternehmen besonders hier an Kostensenkungsmaßnahmen interessiert sind. Kein Wunder, dass mehr als die Hälfte aller Unternehmen Interesse am Einsatz von Pay-as-you-fly erkennen lässt. Des weiteren sehen die Firmen eine Vereinfachung ihrer Reisekostenabrechnung unter einer integrierten

MIS-Lösung als gutes Instrument, sofern dieses die gesamte Reise abbilden kann.

Im Bereich MIS ist der Trend zu Kooperationen zwischen Anbietern von Kreditkartensystemen, Banken und Reisebürokonsortien besonders auffällig. Lufthansa AirPlus beispielsweise geht sowohl eine Kooperation mit der Deutschen Bank als auch eine mit TQ3 im Bereich der Company Card ein. Die Deutsche Bank wiederum bringt ihre Corporate Card in diese Kooperation ein, so dass sowohl AirPlus als auch TQ3 als Vertriebskanal für die Deutsche Bank fungieren. Lufthansa City Center kooperiert mit Navigant International, dem viertgrößten Travel Management Unternehmen in den USA. Die Postbank hat eine Zusammenarbeit mit DER Business Travel angekündigt. Einzig BTI Central Europe hat auf eine Realisierung des Powercard Konzeptes verzichtet.

In diesem Zusammenhang ist auch die Möglichkeit der internationalen Datenkonsolidierung zu erwähnen, die sich aus solchen und ähnlichen Kooperationen ergibt.

Die bisherige Nutzung von E-Commerce Tools liegt heute in den Unternehmen schwerpunktmäßig in den Bereichen Planung, Information und Buchung. Controlling und Reporting werden derzeit noch vernachlässigt (Wirtschaftswoche/

Steinberg & Partner). Für die Anbieter ergibt sich hieraus ein hohes Potential für ihre Management Information Systems als Steuerungselement.

Einige MIS-Anbieter betrachten die zur Verfügung gestellten Daten bereits als ein Kernprodukt und werden diese Leistung künftig stärker verrechnen als dies heute noch der Fall ist. Dies ist legitim. Es muss sich die Erkenntnis durchsetzen, dass für entsprechende Qualität von MIS-Produkten auch ein angemessenes Entgelt zu bezahlen ist. An einigen Beispielen sollen aktuelle Entwicklungen aufgezeigt werden.

BANKEN UND MIS

Namhafte deutsche Banken haben zwischenzeitlich Corporate Cards als Kerngeschäft definiert und damit begonnen, in dieses Marktsegment zu investieren. Als eindeutiger »Brand« hat sich hier neben den bekannten Marken American Express und Diners auch VISA etabliert. Eurocard spielt in diesem speziellen Kreditkartensegment keine Rolle.

■ DIE BESONDERHEIT VON VISA

VISA International ist keine Bank, sondern ein Franchisegeber mit Sitz im kalifornischen San Mateo. Die europäische Zentrale hat ihren Sitz in London; in Deutschland ist VISA mit einem Büro in Frankfurt/Main vertreten.

Kreditinstitute mit einer Vollbanklizenz können im Franchise von VISA International im jeweiligen Land die VISA-Karte emittieren. VISA International betreibt das sogenannte VISA-Netz, ein Datennetz, über das die monetären Transaktionen geschleust werden. Auf Wunsch stellt VISA International den Banken ein PC-Auswertungsprogramm namens InfoSpan zur Verfügung.

DIE BESONDERHEIT VON VISA

Da bei VISA jeder Emittent selbst für ein MIS sorgen muss, hatten multinationale Kunden bisher keine Chance auf ein einheitliches MIS dieses Anbieters. So war und ist die Ermittlung des Coupon Value die große Schwäche von VISA. Da für die Banken Corporate Cards und die damit verbundenen Anforderungen des Travel Managements bisher nicht unbedingt zum Kerngeschäft gehörten, wurden die hierfür notwendigen DV-technischen Entwicklungen ignoriert.

Als einzige europäische Bank hat die Santander Direktbank frühzeitig MIS-Entwicklungen eingeleitet und kann heute als einzige VISA-Bank ein umfassendes Programm anbieten. Die Ausgabe von VISA-Karten ist auf das jeweilige Land begrenzt. So kann beispielsweise eine Schweizer Kantonalbank keine VISA-Karte in Deutschland ausgeben und die WestLB in Frankreich keine VISA-Karten emittieren.

Doch in Kürze wird die multinationale Schwachstelle durch GCPS beseitigt werden (Global Commerical Payment Solution). Angeboten werden soll GCPS in Europa (Deutschland, Österreich, Schweiz, Belgien, Niederlande, Großbritannien, Frankreich, Italien, Spanien, Portugal), den USA und Kanada, Lateinamerika (Argentinien, Brasilien, Chile, Kolumbien, Mexiko, Peru, Puerto Rico und Venezuela) sowie Asien-Pazifik (Australien, Hongkong, Japan, Korea, Singapur). Es soll zehn Gesellschafter geben, davon neun Banken, unter anderem Bank of America, BNP, BBVA, US Bank, Barclays, Bank Santander. Sitz der Gesellschaft ist in Delaware, die Geschäfte werden von London aus geführt.

Nach dem VISA-Prinzip gibt es bei GCPS jeweils eine Lead Bank im Heimatland des multinationalen Kunden. Die vereinbarten Konditionen (und das ist neu) gelten automatisch in allen anderen Ländern. Es wird ein globales MIS angeboten, Datenträger ist das VISA-Netz. Die Tools kommen von der Santander Management Gesellschaft (SMG), heißen SmartMIS (siehe Kapitel »MIS-Produkte der Kreditkartenunternehmen«, Seite 96) und sind weltweit über das Internet abrufbar (www.gcpsonline.com).

■ DIE ENHANCED DATA PLATFORM

Als Pilotprojekt der VISA Commercial Cards-Programme lief kürzlich der Versuch Enhanced Data. An dem sechsmonatigen Projekt nahmen das Tower Hotel London (Thistle-Hotelgruppe) und HSBC (The Hong Kong and Shanghai Banking Corporation) teil.

Bei Enhanced Data werden aufgeschlüsselte Rechnungsinformationen erfasst und detaillierte Zahlungsinformationen direkt in die Kostenabrechnungssysteme von Kunden geliefert. Somit erhält das Reisemanagement eines Unternehmens zum ersten Mal sämtliche Details über die tatsächlichen Ausgaben des Unternehmens, beispielsweise Telefongespräche, Getränke an der Bar, Essen im Restaurant oder Video-Service. Das Unternehmen muss sich nicht mehr allein auf die Buchungsdaten verlassen oder sich mit einem Pauschalbetrag zufrieden geben.

Zahlreiche der 6.000 Mitarbeiterinnen und Mitarbeiter von HSBC haben ihre Corporate Card im Tower Hotel eingesetzt und bis zu 100 Rechnungen pro Monat generiert. Dieselben Informationen, die der Gast beim Auschecken auf einer Rechnung in Papierform erhält, werden nun elektronisch aus dem hoteleigenen Management-System über das VISA-System an den Travel Manager von HSBC geleitet. VISA ist derzeit im Gespräch mit mehreren großen Hotelketten und plant, seinen Service kurz- bis mittelfristig in über 100 Hotels in wichtigen Geschäftszentren innerhalb Europas einzuführen.

Mit Enhanced Data erhalten Firmen die Möglichkeit, deutliche Einsparungen bei den Travel and Entertainment-Kosten zu erzielen und ihr Kostenmanagement sowie den Vorsteuerabzug vollständig zu automatisieren und zu vereinfachen. Das Software-Modul lässt sich in hoteleigene Management-Systeme integrieren, so dass ein Software-Update nicht erforderlich ist. Die Implementierung ist VISA zufolge einfach, die Kosten seien marginal. VISA plant, das Programm auf Autovermietungen und Reisebüros auszuweiten.

ANGEBOTE DER BANKEN IN DEUTSCHLAND

■ DEUTSCHE BANK

Die Deutsche Bank emittiert seit dem Jahr 2000 im Bereich Corporate Card die VISA-Card und nutzt die MIS-Tools von Lufthansa AirPlus. Deshalb verweisen wir auf die später folgenden Ausführungen. Wichtig ist in diesem Zusammenhang jedoch, dass die Deutsche Bank in allen wichtigen Märkten eine sogenannte Vollbanklizenz besitzt und deshalb - im Gegensatz zu anderen Geldinstituten - in den wichtigen Märkten eigene Corporate Cards herausgeben und sich so multinationalen Kunden als einziger Ansprechpartner präsentieren kann.

Die anderen Banken gehen jedoch andere Wege und entwickeln ein eigenes MIS. Dieses wird - auf Grund einer neuen, separaten Entwicklung - am Beispiel der Dresdner Bank - ausführlicher beschrieben.

■ DRESDNER BANK

Das Dresdner Corporate Card System tritt mit dem Anspruch an, ein umfassendes Leistungspaket für das Travel Management von Großunternehmen bereitzustellen. Es ist modular aufgebaut und beinhaltet verschiedene Komponenten, die je nach Bedarf des Kunden individuell in Anspruch genommen werden können.

Über cytric, die Internet Booking Engine von i:FAO, ist eine Reisevorbereitung und Buchung vom Bildschirm des Mitarbeiters aus möglich. Die Vorteile hierbei liegen insbesondere in der Optimierung des Buchungsprozesses und der automatischen Aktivierung der Reiserichtlinien. i:FAO gehört zu den führenden Anbietern von Online-Booking-Lösungen.

Die Bezahlung und Abrechnung der Dienstreisen kann entweder über Individualkarten oder über eine zentral hinterlegte Reisestellenkarte erfolgen.

Die Individualkarten für Mitarbeiter, die beruflich regelmäßig unterwegs sind, werden als Dresdner Corporate Card Basic und Dresdner Corporate Card Premium angeboten. Auf den Karten kann auf Wunsch das Firmenlogo in schwarz aufgebracht werden. Die mit den Karten getätigten Dienstreiseumsätze können wahlweise vom Firmen- oder Privatkonto des Mitarbeiters eingezogen werden. Der Mitarbeiter erhält monatlich eine Abrechnung. Ein Zahlungsziel von 14 oder 28 Tagen ist verhandelbar, so dass genügend Zeit bleibt, dem

Mitarbeiter die Reisekosten vor der Abbuchung der Umsätze zu erstatten. Vorschüsse und ein Sortenumtausch gehören somit der Vergangenheit an. Auf allen Kartenkonten kann die Firmenhierarchie und die Personalnummer des Mitarbeiters hinterlegt werden. Hierbei sind bis zu neun Hierarchieebenen möglich.

Die Individualkarten können für das bequeme ticketlose Fliegen Etix bei zahlreichen in- und ausländischen Fluggesellschaften wie zum Beispiel Deutsche Lufthansa, British Airways oder Deutsche BA eingesetzt werden. Die Ticketdaten werden hierbei zentral im Computer der Fluggesellschaft hinterlegt, und der Mitarbeiter kann seine Bordkarte bequem am Check-in-Terminal erhalten. Eine Identifizierung am Terminal erfolgt über die Corporate Card.

Die Dienstreisen von Mitarbeitern, die nur gelegentlich unterwegs sind, können über eine Reisestellenkarte, die Dresdner Corporate Card Voyage, abgerechnet werden. Bei der Reisebuchung können hier bereits Zusatzdaten wie zum Beispiel Personalnummer, Kostenstelle und Projektnummer erfasst werden, was analog wie bei AirPlus und anderen Anbietern von Company Cards eine Zuordnung der Umsätze auf die entsprechenden Kostenträger möglich macht. Die

Abrechnung soll - ebenfalls analog zu anderen Systemen - einmal wöchentlich erfolgen.

Die mit den Dresdner Corporate Cards - wie auch die mit American Express, AirPlus, Berliner Bank, Diners Club, Santander Direktbank - getätigten Flugumsätze werden von den Airlines im Rahmen der Firmenförderungsprogramme, zum Beispiel beim Partner Plus-Programm der Lufthansa, anerkannt.

Alle über die Individual- und Reisestellenkarten getätigten Umsätze sollen in ein umfangreiches MIS einfließen. Zur Grundausstattung dieses MIS gehört die Lieferung von drei individuellen Reports mit folgenden Inhalten:

– Gesamtumsatz über alle Hierarchieebenen der Unternehmung, aufgeteilt nach Branchen (Airlines, Hotels, Autovermieter, Restaurants, Tankstellen, Sonstige)
– Top 10 Airlines, gesamt und nach Städten
– Top 10 Hotels, gesamt und nach Städten

Darüber hinaus soll noch im Jahr 2001 die Möglichkeit angeboten werden, die Daten über eine Online Reporting Engine individuell auszuwerten. Das Unternehmen kann sich hierbei via Internet individuelle Reports anfordern, die je nach

Umfang der Spezifikationen sofort zur Verfügung stehen oder nach Auswertung der Daten per Download, zur Online-Ansicht oder per Datenträger erhältlich sind.

Unter anderem folgende Reports sind möglich:

- Umsätze nach Ländern,
- Umsätze separiert nach Niederlassungen, Bereichen und Abteilungen des Unternehmens,
- Hotels nach Ketten, Städten und Hotelnamen,
- Tankstellenketten nach Umsatz,
- Restaurants nach Umsatz,
- bestimmte Transaktionsarten nach Höhe des Umsatzes,
- Karteninhaber nach Höhe des Umsatzes,
- alle Karteninhaber, die einen bestimmten Umsatz übersteigen,
- Flüge ab bestimmtem Ort zu bestimmter Destination nach Transaktionshöhe.

Die Datenbank ist modular aufgebaut und bereits heute darauf vorbereitet, weitere Zusatz- und Rechnungsdaten von Fluggesellschaften, Hotels und Autovermietungen sowie von Partnerbanken im Ausland im Rahmen internationaler Kartenprogramme aufzunehmen und zu verarbeiten.

Gemeinsam mit anderen VISA-Mitgliedsbanken in Europa entwickelt die Bank im Rahmen des Enhanced Data Projektes die Übermittlung von Zusatzdaten für das Travel Management nach einem einheitlichen internationalen Standard (siehe Seite 22).

Für Unternehmen, die keinen Bedarf an der Aufbereitung der Reisedaten haben und diese in eigenen Systemen auswerten wollen, wird die Möglichkeit der Rohdatenlieferung angeboten. Das Unternehmen muss sich hierbei nicht an eine starre Schnittstellenvorgabe halten und aufwendig die eigenen Systeme ändern. Die Bank will die aufbereiteten, das heißt MIS-fähig gemachten Daten in der vom Kunden gewünschten Form liefern und diesen Service zu einem Preis anbieten, der in der Regel weit unter den Kosten für eine interne Schnittstellenanpassung im Unternehmen liegt. Diese Daten entstehen in den Bereichen Hotel und Leihwagen aus monetären Informationen. Im Flugbereich werden diese Daten durch BSP-Informationen »angereichert«.

■ BERLINER BANK

Die Berliner Bank bietet seit etwa vier Jahren Corporate Cards an, verfügt aber noch nicht über ein eigenes MIS-Produkt. Die Bank bietet ihren Kunden die VISA-Lösung InfoSpan an (siehe Seite 101).

MIS IN DER HOTELLERIE

Gerade im Hotelbereich wird deutlich, dass die von den Buchungsorganisationen zur Verfügung gestellten Auswertungen unvollständig sind, ja sein müssen, da ein Reporting immer nur dann erfolgen kann, wenn auch die Buchung über die entsprechenden Stellen vorgenommen wird. Doch lediglich 20 bis 30 Prozent aller Hotelreservierungen werden über den jeweiligen Reisebüropartner vorgenommen; die überwiegende Zahl der Buchungen wird über Niederlassungen oder Kunden »vor Ort« direkt bei den Hotels platziert. Daran ändert auch die steigende Durchdringung von Internet Booking Engines in den Unternehmen nichts.

Auswertungen der Hotellerie sind heute schon sehr präzise, leiden jedoch daran, dass die Umsätze des Unternehmens und/oder eines Konzern nur dann darstellbar sind, wenn beim Check-in die entsprechende Zuordnung zwischen Gast und Firma getroffen wurde.

■ DAS BEISPIEL CORDIRA.COM

Cordira.com, eine Entwicklung von Trust, ist ein Internet-basiertes System, das speziell für Firmen entwickelt worden ist, um Reservierungen zielgerichtet und online durchzuführen und somit Ablaufprozesse zu optimieren, Prozesskosten zu senken und gebündelte Informationen beziehungsweise Transparenz über Nachfrageverhalten und Buchungsvolumen zu erlangen. Durch den Verkauf der Software an TQ3 ist das ehemals neutrale Instrument Mitte 2001 in die Hände eines der großen Reisebürokonsortien übergegangen.

Mit Cordira.com haben Unternehmen die Möglichkeit, ihr eigenes Hotelprogramm selbst festzulegen und somit das Hotelangebot und das Buchungsvolumen zu steuern. Dabei sind sie aber nicht auf das ausgewählte Hotelprogramm beschränkt. Im System stehen, falls gewünscht, jederzeit alternative Hotels und Preise zur Verfügung.

Alle Buchungen werden direkt in dem Central Reservation System (CRS) des jeweiligen Hotels vorgenommen. Somit ist erstmals eine direkte Verbindung zwischen Hotel und Reisenden gegeben, ohne Einschaltung kostenintensiver Drittsysteme wie zum Beispiel GDS (Global Distribution System, also etwa Amadeus, Galileo, Sabre, Apollo und Worldspan),

Fax, Telefon oder Reisebüromitarbeiter. Dies bietet nicht nur eine erhöhte Datensicherheit, sondern auch Kostensenkung sowie Schnelligkeit und entspricht der Philosophie des sogenannten B2B (Business to Business) im Internet.

Außer der direkten Anbindung bietet Cordira.com Firmen die Möglichkeit, Informationen speziell für ihre Reisenden zu hinterlegen. Beispiele hierfür sind Angaben zu verhandelten Zusatzangeboten im Hotel oder Informationen zu Firmenniederlassungen. Hierdurch werden weitere Kommunikationskosten gespart, und Mitarbeiter haben die Möglichkeit, dies bei ihrer Hotelauswahl entsprechend zu berücksichtigen.

Besonders zu erwähnen ist das detaillierte Reporting, das Cordira.com bietet. Hierdurch wird das Reise- und Buchungsverhalten der Mitarbeiter transparent und ermöglicht eine optimierte zukünftige Hotelauswahl für das Firmen-Hotelprogramm.

Cordira.com konsolidiert die Umsätze aller Hotels weltweit, um sie den Reisenden einheitlich und zentral mit jeweils denselben Informationen zur Verfügung zu stellen. Derzeit umfasst das System 50.000 Hotels. Aus diesem Angebot können die Firmen ihr Hotelprogramm maßschneidern.

Woher kommen die Informationen?

Zunächst werden die Kerndaten von Firmen, die Cordira.com als Hotelreservierungssystem einsetzen, im System hinterlegt. Alle Niederlassungen beziehungsweise Tochtergesellschaften und die jeweiligen Reisenden werden der entsprechenden Hauptfirma zugeordnet, damit alle Zugriffe auf das System registriert und ausgewertet werden können. Wenn sich jemand in das System einloggt, werden alle Schritte pro Buchung vom »login« bis zum »logout« in Cordira.com festgehalten und können entsprechend ausgewertet werden.

Welche Daten gibt es?

Das Reporting steht der jeweiligen Firma, geschützt durch User ID und Passwort, im Internet zur Verfügung. Alle Daten werden in HTML-Format erstellt und können zur Bearbeitung weiterverarbeitet werden, zum Beispiel in Excel. Grundsätzlich können bei allen Reports bestimmte Kriterien einschränkt abgefragt werden. Folgende Auswahlkriterien stehen je nach gewünschter Ergebnismenge zur Verfügung:

– Datumszeitraum, für den die Abfrage erfolgen soll,
– Buchungsdatum oder Anreisedatum,

- zukünftige Buchungen, vergangene Buchungen, stornierte Buchungen oder alle Buchungen,
- Firmenzweig - gesamter Konzern, bestimmte Niederlassung/Tochtergesellschaft,
- Reisender/Kostenstelle - alle oder bestimmte Reisende/ Kostenstellen.

Folgende Reports stehen standardmäßig zur Verfügung:
- Buchungs- beziehungsweise Anreisereport. Alle Buchungen oder Anreisen in einem bestimmten Zeitraum einer bestimmten Firma mit Angabe des Ortes, der Hotelkette und des Hotels, Anzahl der Nächte, gebuchte Preise und Preistyp.
- Report pro Hotel. Alle Buchungen oder Anreisen in einem bestimmten Hotel zu einem bestimmtem Zeitraum inklusive Anzahl der Buchungen und Nächte.
- Report pro Hotelkette. Alle Buchungen oder Anreisen in bestimmten Hotelketten und deren Hotels inklusive Anzahl der Buchungen und Nächte.
- Report pro Reisenden. Alle Buchungen oder Anreisen für bestimmte Reisende oder alle Reisenden.

- Report pro Destination. Alle Buchungen oder Anreisen für einen bestimmtem Ort.
- Gesamtreport pro Monat/Jahr. Alle Buchungen oder Anreisen auf einen Monat oder ein Jahr bezogen.
- Nutzer-Report. Hier werden alle Zugriffe erfasst, die zeigen, wie oft das System angefragt wurde, welche Seiten wie oft besucht wurden und wie viele Buchungen daraus resultierten.

Welche Kosten entstehen?

Die Kosten für das Standard Reporting waren bei Trust bereits im Preis für die Nutzung und Pflege des Cordira.com-Reservierungssystems enthalten, eine Preisstellung durch TQ3 war zur Zeit des Redaktionsschlusses nicht bekannt.

Abschließende Betrachtung

Mit den MIS-Daten aus Cordira.com werden Firmen erstmals zentrale und einheitliche Informationen über Nachfrageverhalten und Buchungsvolumen von Hotelreservierungen zur Verfügung gestellt. Somit sind Firmen nicht mehr auf die einzelnen Aussagen der Hotels und Hotelketten angewiesen, um die Firmenraten in den Hotels für das folgende Jahr zu verhandeln. Die Daten aus dem System können für Preisverhandlungen verwendet werden, zu beachten ist aber, dass es sich hierbei - analog zum Flugbereich - um »geplante« Übernachtungen handelt. Die Daten basieren auf Buchungs- und Nachfrageinformationen und sind noch nicht mit den »abgewohnten Daten« abgeglichen. Cordira.com ist also kein Abrechnungsinstrument. Zu wünschen bleibt, dass Änderungen vor Ort künftig an das System zurückgemeldet werden und in das Reporting einfließen.

Des weiteren sind Firmen in der Lage zu erkennen, ob Preise, die verhandelt wurden, tatsächlich zur Verfügung stehen und auch gebucht werden oder ob es bessere Preise in den Hotels gibt, die gebucht werden. Außerdem können Firmen überprüfen, ob das Hotelprogramm, das sie für die Firma maßgeschneidert haben, den Bedürfnissen entspricht oder ob die Nachfrage in anderen Hotels liegt und das Programm entsprechend angepasst werden muss.

Wenn einer Firma die Standardinformationen nicht ausreichen, besteht jederzeit die Möglichkeit, ein individuelles Reporting zu programmieren.

■ DAS BEISPIEL HRS

HRS Hotel Reservation Service mit Sitz in Köln ist ein großer neutraler, weltweiter Anbieter mit einem Portfolio von mehr als 90.000 Hotels. Das MIS dieses Unternehmens wurde zur Zeit des Redaktionsschlusses überarbeitet und den Markterfordernissen angepasst. Die ersten Ergebnisse zeigen, dass dieses Ziel mit dem Relaunch erreicht wurde. Wie bei Cordira.com ist jedoch auch hier zu beachten, dass das MIS die »geplanten« Übernachtungen und die daraus errechneten Umsätze darstellt. Die Daten basieren auf Buchungsinformationen und sind nicht mit den »abgewohnten Daten« abgeglichen.

Und so funktioniert das HRS-MIS: Das Unternehmen nimmt Buchungen unter der von HRS zugewiesenen Kundennummer vor. Sie ist der zentrale Key des Unternehmens. Das gebuchte Hotel verfügt ebenfalls über einen zentralen Schlüssel, die HRS-Hotelnummer. Diese beiden Informationen sind für alle nachgelagerten Auswertungen entscheidend. Mit den hinter der Hotelnummer liegenden Städte- und Länderinformationen können entsprechende Auswertungen auf Orts- oder Länderebene über alle in diesem Ort und/oder dem Land befindlichen Häuser generiert werden. Ebenso sind kundenspezifische Angaben über Planumsätze des Unternehmens mit Einzelhotels möglich, da aus den Reservierungsangaben (geplanter Tag der Anreise, geplanter Tag der Abreise, Zimmertyp, Zimmerpreis pro Nacht und so weiter) sogenannte Sollumsatzzahlen errechnet und dargestellt werden. Ebenso sind Planumsätze pro Stadt und/oder Land darstellbar.

Das HRS-System berücksichtigt Stornierungen.

Da die Frühstückspreise entweder im Zimmerpreis enthalten sind oder zu den Übernachtungskosten hinzugerechnet werden, sind hier auch genaue Aussagen innerhalb des MIS möglich.

MIS BEI MIETWAGEN UND BAHN

Alle auf dem Markt tätigen Leihwagenfirmen bieten den Unternehmen ausgefeilte MIS-Daten an. Diese erstrecken sich von einer Listung aller Anmiet- und Rückgabeorte über genaue Aussagen von Durchschnittszeiten der Anmietungen, Wagenkategorien bis hin zu einer klaren Kostentransparenz der reinen Mietkosten, der Betankungsbeträge, der Versicherungen, der Zusatzgebühren für die Anmietungen an Flug- oder Bahnhöfen und so weiter.

Weder die Reisebüros noch die Kreditkartengesellschaften sind in der Lage, ein aussagekräftiges MIS für den Bereich Deutsche Bahn zu liefern. Hier springt die DB in die Bresche und bietet Firmen mit einem Jahresumsatz ab etwa 100.000 Euro ein eigenes Verfahren, das sogenannte BMIS (Bahn MIS) an.

Beispiel: Ein Fahrausweis von Itzehoe nach Starnberg und einer von Flensburg nach Garmisch haben etwas gemeinsam, nämlich die ICE-Hauptstrecke Hamburg - München. Die Hauptstrecken werden in dem System erkannt und kumuliert. Je nach gekauftem Fahrausweis erfolgt eine Zuordnung zu der sogenannten Verkaufsgattung. Hier wird transparent, ob das Unternehmen die Fahrkarte als Bahncard, GKT (Großkunden-Ticket), GKA (Großkundenabonnement)-Fahrkarte oder anders bezahlt hat.

Die Informationen liefert der Rechner der Bahn; die Firmenstruktur ist im System hinterlegt und kann entsprechend detailliert ausgewertet werden. Grundlage ist die von der Bahn vergebene Kundennummer des Unternehmens.

MIS VON REISEBÜROS

Eine weitere Bezugsquelle für MIS-Daten sind die Auswertungen der Reisebüros. Diese haben in den letzten Jahren viel Geld in die Systeme investiert. Baut ein Unternehmen jedoch ausschließlich auf diese Quelle, sei der Hinweis gestattet, dass sich der Travel Manager in diesem Fall »auf Gedeih und Verderb« dem Reisebüro »ausliefert« und im Fall eines Wechsels eventuell sein gesamtes MIS restrukturieren muss. Gegen diese Systeme als »Alleinlieferant« spricht auch, dass das Reisebüro natürlich nur die Informationen darstellen kann, welche über das Reisebüro generiert wurden. Eine direkt über die örtliche Niederlassung vorgenommene Hotelreservierung wird ebenso wenig im Reporting enthalten sein wie eine über das Internet getätigte und deshalb preiswertere Leihwagenbuchung.

Ferner sei bemerkt, dass diese Dienstleistung des Reisebüropartners künftig wie alle anderen Services kostenpflichtig sein wird.

Alle großen Reisebüroketten bieten heute Reiseauswertungen an. Sie basieren - wie gesagt - immer auf den im Reisebüro erstellten Flugscheinen und/oder gebuchten Hotels und/oder Leihwagen. Neuentwicklungen wie beispielsweise Pay-as-you-fly der Lufthansa durchbrechen die wertmäßige Durchgängigkeit dieser Systeme, da der Point of sale vom Reisebüro weg zum Flughafen verlegt wird (siehe Seite 58).

Zu den Auswertungen zählen standardmäßig unter anderem
- Kostenersparnis-Übersichten (Saving Reports),
- Darstellungen von nicht realisierten Einsparungen (Missed Saving Reports),
- Auflistungen von Flugbuchungen der Airlines,
- Übersichten von Buchungen bei Hotelketten und Leihwagenfirmen,
- Umsätze pro Airline.

Selbstverständlich sind diese Reports nach Zeiträumen abgrenzbar und lassen so einen entsprechenden Vergleich beziehungsweise eine Darstellung von Veränderungen in einem definierten Zeitraum zu. Die folgende Beschreibung von Karat Info-World ist beispielhaft für die Tiefe der Systeme, wie sie von allen großen Ketten angeboten werden.

■ KARAT INFO-WORLD VON TQ3

Das Programm Karat Info-World von TQ3 - ein von vielen Unternehmen in Deutschland genutztes Tool - ist eine Data Warehouse-Lösung. Im Data Warehouse werden alle relevanten, durch die Reiseaktivitäten anfallenden Informationen gesammelt, komprimiert und analysiert.

Das Data Warehouse wird täglich via Filetransfer mit Rohdaten aus den operativen Systemen versorgt. Diese kommen aus Global Distribution Systems wie Sabre oder Amadeus (über Start), über die Flüge, Hotelzimmer und Mietwagen gebucht wurden. Gleichzeitig kommuniziert das Data Warehouse mit internen Systemen wie SAP oder den Oracle-basierenden Hotel- und Flug-Servicesystemen.

Über das Internet kann der Kunde direkt auf seine Reisedaten in Karat zugreifen und seine individuellen Analysen - vortagesaktuell und in jeder Detailtiefe - im Web auf einem dem Data Warehouse vorgeschalteten Analyseserver online durchführen.

Aufgabe von Karat ist es, aus den gesamten vergangenheitsorientierten Transaktionsdaten und den vorausgerichteten Reservierungen aller Reiseaktivitäten zukunftsorientierte Entscheidungsinformationen zu gewinnen. In der Vergangenheit wären derart anspruchsvolle Projekte aufgrund der Datenmenge nur schwer zu realisieren gewesen. Wenn man bedenkt, dass das Data Warehouse täglich von nahezu 85.000 Reisenden Hunderttausende von Detailinformationen aufnimmt und diese Informationen für Analysen und Entscheidungen über einen Zeitraum von fünf Jahren im direkten Zugriff stehen sollen, so kommt man nicht darum herum, den Speicherplatz in Terabyte zu berechnen.

Die Karat-Transaktionsdaten bestehen aus vergangenheitsorientierten, abgeschlossenen Vorgängen. Außerdem werden auch gebuchte, aber noch nicht durchgeführte Reisen über das Data Warehouse bearbeitet, um dem Travel Management vor Reiseantritt der Mitarbeiter Pre-Travel-Reports bereitzustellen, das heißt transparent zu machen, wer wann wohin mit welchen Ressourcen zu welchem Preis reisen will. Das Pre-Travel-System achtet auf die unternehmensweite Einhaltung der Reise- und Kostenrichtlinien. Das Post-Travel-System hat das Ziel, die Reiserichtlinien und die Kostengestaltung weiterzuentwickeln.

Das Karat-Gesamtsystem besteht aus drei integrierten Software-Ebenen: Vorsysteme, Datenhaltungssysteme und Auswertungssysteme.

KARAT INFO-WORLD VON TQ3

Die Vorsysteme regeln die Schnittstellenverfahren zwischen den operativen Systemen und der Karat-Datenbank. Aufgabe der Vorsysteme ist es zum Beispiel, alle relevanten Transaktionsdaten komplett, korrekt und zur richtigen Zeit zu extrahieren und in die Datenbank einzuspeichern. Die Vorsysteme gewährleisten hohe Qualitätsanforderungen während der Datenübernahme.

Das Datenhaltungssystem hat den Anspruch, sämtliche Reiseaktivitäten und TQ3-Leistungen ganzheitlich abzubilden. Hierbei werden zum Beispiel pro Reisenden nicht nur buchungsrelevante Umsätze, sondern eine Übermenge der in SAP geführten Umsätze aufgenommen, die nach ergänzenden, marketingorientierten Parametern klassifiziert und kontiert werden. Zusätzlich werden die Umsätze in verschiedenen Maßeinheiten geführt wie Hotel/Nächte, Auto/Tage oder Flug/Meilen. Neben den extrahierten Transaktionsdaten werden in der Datenbank Stamm- und Profildatenreplikate von Kunden, Leistungsträgern sowie der Vertriebsorganisation geführt.

Die Auswertungssysteme sollen vielfältigen Empfängern eine flexible Analyse der Reiseaktivitäten und Leistungen erlauben. Empfänger beziehungsweise Benutzer sind Kunden,

Leistungsträger, die TQ3-Vertriebsorganisation und die Geschäftsleitung. Die Auswertungen erfolgen automatisch zeit-, auftrags- oder ereignisgesteuert und werden in »dynamischen Berichtsheften« abgelegt. Die für Karat freigeschalteten Unternehmen können anschließend - zum Beispiel über Internet - jederzeit auf diese Berichtshefte zugreifen, die wiederum ad hoc in jeder gewünschten Tiefe variierbar sind. Ein Kunde kann immer nur sein eigenes Berichtsheft sehen.

Die Auswertungen können per Diskette, Band, eMail, Filetransfer, Fax, interaktiven Zugriff über LAN- und WAN-Verbindungen sowie Internet transportiert werden.

Ein weiteres Karat-Highlight ist ein datenbank-integriertes Geo-Informationssystem. Reiseanalysen und Verkehrsströme werden mit vielen Darstellungsoptionen sehr anschaulich auf flexibel steuerbaren Kartenübersichten dargestellt.

■ NET-Q VON LUFTHANSA CITY CENTER (LCC)

Net-Q fragt die Daten über das Internet ab. Net steht fürs Internet und Q für das englische Wort Cube, Würfel. Wie bei einem Würfel könnten die Daten, die in der LCC-Zentrale gespeichert werden, von allen Seiten in allen möglichen Varianten betrachtet werden.

Das grafische Internet-Reporting greift dabei auf die Daten aus dem Backoffice-System Ibiza/SAP R3 zu, das aus Amadeus gespeist wird. Über ein Passwort identifiziert und autorisiert sich der Travel Manager, der dann Flug- (einschließlich Cost Savings), Hotel- und Mietwagenkosten online einsehen kann.

■ PORTICO VON BTI EURO LLOYD

Der Portico Analyser Web ermöglicht dem Anwender eine dynamische MIS-Datenanalyse per Internet in mehrdimensionaler Darstellung und Auswertung. Diese können individuell und flexibel definiert und modifiziert werden. Die Daten kommen von den BTI-eigenen Systemen und Datenbanken.

Voraussetzung der Rund-um-die-Uhr-Verfügbarkeit sind wie beim LCC-System sogenannte Datenwürfel, Cubes. Die generierten Daten werden hierbei in mehreren Dimensionen zueinander in Beziehung gesetzt und erlauben somit mittels einer »drill-down«-Funktion eine entsprechende Vertiefung der Datensegmente (Flüge, Zeiträume, Kostenstellen, Projekte und so weiter) und spezielle Ad-hoc-Reports.

■ INTERACT VON CARLSON WAGONLIT TRAVEL

Dieses globale Management Information System ermöglicht eine genaue Datenanalyse und die Erstellung von Reisestatistiken. Die über Carlson Wagonlit Travel (CWT) gebuchten Reisen und erstellten Werte (Reisedaten und Reiseausgaben) der Mitarbeiter können bedienerfreundlich nach selbst definierten Kriterien national und international ermittelt werden.

InterAct basiert auf Eingaben, die in den Reisebüros der Kette erzeugt und im vorgelagerten System Wings zusammengefasst werden. Im Flugbereich werden die PNR-Daten verwendet. Im Hotel- und Mietwagenbereich entstehen die Daten durch Multiplikation der gebuchten (geplanten) Übernachtungs- beziehungsweise Mietzeiten mit den hierfür vom Leistungserbringer verlangten Kosten pro Nacht (bei Hotelreservierungen) oder Tages- und/oder Stundenpreisen (bei Leihwagen).

MIS VON START AMADEUS

Amadeus Reporter, ein auf den Flugbereich spezialisiertes »intelligentes« MIS, kann sowohl von Firmen als auch von Reisebüros eingesetzt werden und übernimmt zeitgleich sämtliche Buchungsinformationen aus dem Amadeus-System in einen eigenen Datenbestand. Über offene Schnittstellen lassen sich zudem Reisekostenabrechnungsdaten importieren, welche dann ebenfalls für Auswertungen bereit stehen. Über vorhandene Export-Schnittstellen lassen sich Buchungsinformationen aus dem Amadeus Reporter zum Beispiel in Reisekostenabrechnungsprodukte einspeisen. Auf diese Weise konsolidiert der Amadeus Reporter zentral weltweite Buchungsinformationen und liefert so eine zeitgleiche Übersicht über alle Reisearrangements eines Unternehmens (oder auch Gesamtkonzerns). Der Amadeus Reporter ermöglicht so umfangreiche Auswertungen nach individuellen Kriterien - mehrdimensional, aktuell und online.

Funktionen:
- Übernahme sämtlicher Buchungsinformationen aus dem Amadeus-System oder dem Corporate Traveller in den Datenbestand des Amadeus Reporter
- Reisekosten- und Ersparnisreports
- detaillierte pre- und postticketing Online-Statistiken
- Trendanalysen
- Ausweis von Reisekosten pro Kostenstelle, Abteilung oder Projekt
- flexible Zusammenstellung von Reports nach individuellen Reportdimensionen
- Flug-/Tarifauswertungen
- Destinationsanalysen
- proaktive Informationen für den Reisenden in schnell zugänglichen Übersichten
- welcher Reisende befindet sich gerade wo?
- Travel Calendar mit Reiseplan
- Trip Updates erfassen den Aufwand einer Buchung
- Executive Summaries
- Export der Reports im Excel-Format
- Administrations-Modul
- Verwaltung der Datenbank

- Verwaltung User- und Nutzerrechte
- Exclusive-Gestaltung

Für Unternehmen dienen diese Informationen des Amadeus Reporter:
- der Dokumentation von Höhe und Verteilung des Reiseaufkommens und damit als Informationsbasis für Preisverhandlungen mit den Leistungsträgern,
- der Erfassung, Kontrolle und Pre-Ticketing-Steuerung des Reiseverhaltens der Mitarbeiter,
- als Basis für Definition und Kontrolle der Einhaltung von Reiserichtlinien,
- dem Ausweis von Reisekosten pro Kostenstelle, Abteilung oder Projekt sowie
- der Kontrolle von Budgetrestriktionen.

Für Reisebüros dienen diese Informationen des Amadeus Reporter:
- als Grundlage zur Umsatzsteuerung und Realisierung von Bonusprogrammen der Leistungsträger,
- der Ermöglichung proaktiver Services (Reisekalender, Pre-Ticketing-Informationen) durch

den Online-Zugriff auf alle Reisearrangements der Kunden über das Internet,
– der Kontrolle interner Prozesse, zum Beispiel Erstellen von Umsatzauswertungen, nach Leistungsträgern sortiert oder Statistiken über den Aufwand einer Buchung als Basis für Management- oder Handling-Fee-Modelle.

Varianten, abhängig von den Anforderungen des Nutzers, und deren Voraussetzungen:
– Amadeus Reporter als Client
– Alle Informationen werden in einem zentralen Amadeus Reporter Server zur Verfügung gestellt, der Nutzer greift extern nur auf die für ihn bestimmten Daten zu.
– keine lokale Installation
– Internet Explorer ≥ 4.01

Amadeus Reporter als Inhouse-Installation
Der Server wird im Unternehmen oder im Reisebüro installiert und dort betrieben und administriert.
– Pentium III 400 MHz (256 MB RAM)
– Windows NT Server 4.0

- SQL Server 7.0
- Microsoft Internet Information Server

Die Kosten für den Betrieb sind abhängig von der Höhe des im Amadeus Reporter zu verwertenden Datenvolumens und von der Realisationsform (Clientbetrieb oder eigener Serverbetrieb).

MIS VON SAP

Ab dem Release 4.6 bietet SAP ein integriertes Travel Management-Produkt an. Dieses basiert auf dem Gedanken eines durchgängigen Workflow. Was verbirgt sich hinter dieser Idee?

Nach der Entscheidung zur Durchführung einer Reise wird in dem System ein Vorgang eröffnet. Systemseitig wird nun der zentrale Key vergeben: Die Reisenummer. Diese Nummer ist »unique« und begleitet den Vorgang bis zur endgültigen Ablage. Der Workflow-Gedanke besagt, dass einmal vorhandene Informationen kein zweites Mal erfasst werden sollen/dürfen und im Rahmen der Bearbeitung immer ergänzt werden.

Bei der Eröffnung des Reisevorgangs werden Daten aus dem vorgelagerten Personalsystem übernommen. Die vom Reisenden definierte Planung (an welchem Tag, zu welcher Zeit, an welchen Ort) wird durch GDS-Informationen ergänzt. Vom Reisebüro ausgefertigte Werte werden über Standardschnittstellen in den Vorgang übernommen und stehen für die Reisekostenabrechnung zur Verfügung. Der über die Reisekostenabrechnung ermittelte Betrag wird durch einen anderen Baustein (HR oder FI) an den Mitarbeiter ausbezahlt. Die Kostenrechnung wiederum erhält diese Daten und bucht autonom.

Natürlich sieht das System neben dem grob beschriebenen Workflow (vom Reiseantrag bis zur Abrechnung) auch diverse MIS-Auswertungen vor. Dazu gehören:

- Reports über Umsatz (absolut/prozentual) bei Flügen (Anzahl von Flügen nach Fluggesellschaft, Verbindungen, Länder, Regionen), Mietwagengesellschaften, Hotels, Hotelketten (Anzahl von Übernachtung nach Hotel, Hotelkette, Standort),
- weitere Statistiken aus der Reisekostenabrechnung (Reisekosten pro Personalbereich, Kostenstelle, Mitarbeiter).

Der SAP-Workflow ist ein sehr mächtiges und stark formalisierendes Instrument und sollte deshalb nur in Unternehmen mit einer durchgängigen »SAP-Landschaft« und hohem Reiseaufkommen eingesetzt werden.

MIS UND KREDITKARTEN

■ ALLGEMEINES

Jedes MIS-Reporting von Leistungsträgern oder Reisebüros muss zwangsläufig unvollständig bleiben, da diese Daten immer nur Teile der gesamten Ausgaben im Geschäftsreisebereich darstellen können. Deshalb kommt den Informationen der Kreditkartengesellschaften eine herausragende Bedeutung zu. Natürlich müssen diese Systeme ein Höchstmaß an Sicherheit bieten. Dreistufige Sicherheitssysteme (Zugangscode, Passwort, Cube-Passwort) sind heute selbstverständlich.

Im Flugbereich werden Reisebürosysteme für Teilbereiche mittelfristig obsolet, da dieses Reporting generell auf im Reisebüro ausgefertigten Werten basiert. Neue Vertriebsformen wie Pay-as-you-fly verlagern den Point of sale weg vom Reisebüro hin zum Flughafen. Das Reisebüro übernimmt hier zwar in der Regel die Dienstleistung des Buchens, ist jedoch nicht mehr für das Ticketing zuständig. Dieses wird direkt von der Fluggesellschaft übernommen.

Anders als bei Etix - hier wird nur der Ticketdruck im Reisebüro unterbunden und so die Distribution des Flugscheines zum Kunden eingespart - entfällt das Ticketing bei Pay-as-you-fly komplett. Der Reisende identifiziert sich mit seiner Kredit-, Miles & More- oder einer anderen Karte und erhält direkt seine Bordkarte und die Quittung für die entsprechenden Flugkosten. Das Reisebüro ist »außen vor«.

Die Belastung auf die Kreditkarte erfolgt direkt durch die Fluggesellschaft. Dies hat zur Folge, dass das vom Reisebüro für die Verrechnung genutzte Start-System unbenutzt bleibt. Folglich können die für die Reisestellen- oder Firmenkarten notwendigen Zusatzdaten nicht mehr in der gewohnten Form bereitgestellt werden.

Die heute gebräuchliche Maske »Zusatzdaten« ist eine Leistung, die Start oder Amadeus den Reisebüros zur Verfügung stellt. Die Daten werden ebenfalls von Amadeus an AirPlus geliefert, American Express oder die Santander Managementgesellschaft (SMG) werden von Start bedient. Die Kreditkartengesellschaften wiederum ordnen diese Informationen der entsprechenden Karte zu. Ohne Start beziehungsweise Amadeus aber keine Zusatzdaten, ohne Zusatzdaten keine Buchungen im Unternehmen - der bisher funktionierende Kreislauf ist unterbrochen.

Lufthansa bietet zwar die Möglichkeit, über die sogenannten OSI-Elemente im PNR die Zusatzdaten zu erfassen und stellt diese dann wieder zur Verfügung, doch ist diese Variante wesentlich aufwendiger und fehleranfälliger. Vom Mitarbeiter im Reisebüro wird hier ein genauer Eingabesyntax abverlangt, eine Überprüfung ist jedoch systemseitig nicht möglich. Beispiel: OSI LH A/PK-4711/PR-2844A1224. Mit dieser Eingabe erscheint die Personalnummer 4711 und die Projektnummer 2844A1224 als Zusatzinformation auf der Sammelrechnung. Pro PNR können maximal vier dieser OSI-Elemente übermittelt werden.

Dieses Beispiel soll verdeutlichen, dass statt einer Senkung der Prozesskosten das Gegenteil eintritt, der Aufwand im Reisebüro steigt und muss direkt oder indirekt vom Unternehmen bezahlt werden.

Mit der steigenden Durchdringung kommt deshalb der sogenannten Walking Card - hiermit ist die individuelle Kreditkarte des Mitarbeiters gemeint - essentielle Bedeutung zu. Nur mit dieser Karte können alle Ausgaben, vom Pay-as-you-fly-Ticket bis hin zu den Ausgaben im Bereich Hotellerie, lückenlos erfasst und nachgelagerten Management Information Systems zur Verfügung gestellt werden.

■ WO UND WIE ENTSTEHEN MIS-RELEVANTE DATEN?

Das System funktioniert vordergründig recht simpel. Der Reisende verursacht bei jedem Zahlungsvorgang monetäre Informationen, mit deren Hilfe die Kreditkartengesellschaft den Zahlungsverkehr regelt. Diese reichen jedoch für ein aussagefähiges Management Information System bei weitem nicht aus.

Beispiel Flug: Der sogenannte monetäre Datensatz enthält als Hauptinformation den Namen des Reisenden, die Kreditkartennummer mit Verfallsdatum, die Ticketnummer, den Namen der Fluggesellschaft, auf die das Ticket ausgefertigt wurde, der Gesamtbetrag inklusive Steuern, Sicherheitsgebühren und so weiter sowie einen Kurztext, aus dem die Art des Flugscheines hervorgeht.

Wird eine Hotelrechnung bezahlt, so ist aus dem monetären Datensatz der Hotelname, der Ort und der Gesamtbetrag ersichtlich. Bei der Zahlung von Leihwagenrechnungen ist die Anmiet- und Rückgabestation, die Nummer des Mietvertrages und das Datum in dem Datensatz enthalten.

Noch weniger Informationen erhält der Kreditkarteninhaber, wenn die Bezahlung einer Fahrkarte mittels der Karte erfolgt, hier ist schon die Information »Deutsche Bahn« oder

der Name des Reisebüros und der Preis der Fahrkarte »das Maß aller Dinge«.

Die Kreditkartengesellschaften benötigen aber entsprechende Zusatzinformationen, mit deren Hilfe aus den reinen Zahlungsinformationen aussagefähige Daten für das Management Information System werden.

Im Flugbereich interessieren die einzelnen Couponinformationen, eine Hotelrechnung sollte ebenso wie eine Mietwagenrechnung detailliertere Aussagen ermöglichen. .

Im Flugbereich ist die Entwicklung sehr weit fortgeschritten. Hier haben sich die verantwortlichen Stellen bei IATA und Bank Settlement Plan (BSP) auf den sogenannten long record und den super long record geeinigt. Dies sind standardisierte Datenstrings, aus denen detaillierte Couponinformationen gewonnen werden können. Eine abgemagerte Version dieser Auswertung kann jede Kreditkartengesellschaft erwerben und muß diese gegebenenfalls mit Zusatzquellen ergänzen. Reisebüros können diese Couponinformationen mit Hilfe der ihnen zur Verfügung stehenden Daten im Verkaufsbeleg ebenfalls erhalten. Die Couponinformationen sind auch Bestandteil der Datensätze der GDS-Systeme und finden sich etwa im AIR.

Die wichtigste Information, nämlich der Wert des Coupons, ist jedoch weder in dem long record noch in dem super long record enthalten und muss von der Kreditkartengesellschaft oder den Reisebüros eigenständig gebildet werden. Hierfür gibt es verschiedene Wege. AirPlus berechnet den sogenannten Coupon Value (Wert des Flugcoupons) mit Informationen aus den Verrechnungsabkommen (Prorate-Verfahren) der Airlines; alle anderen Unternehmen ermitteln diesen Wert mit einer prozentualen Zuordnung der Flugmeilen. Hierbei wird innerhalb der Streckenführung der sogenannte geographische Umkehrpunkt der Reise ermittelt und alle Zwischenstationen zwischen dem Ausgangsort und diesem Umkehrpunkt in eine Relation gesetzt. Dieses an sich einfache Prinzip wird - da es mit der Wirklichkeit nur bedingt übereinstimmt - mit verschiedenen Parametern »verfeinert«. Hierbei handelt es sich jedoch nur um Annäherungswerte, die allerdings von den Fluggesellschaften bei den entsprechenden Auswertungen und Zusammenfassungen akzeptiert werden.

Wichtig in diesem Zusammenhang noch der Hinweis, dass es sich hierbei immer um geplante Werte, das heißt nach Ausfertigung des Tickets, aber vor Antritt der Reise, handelt. Verschiebungen oder Umbuchungen werden hierbei nicht berücksichtigt. Eine Abweichung von zwölf bis 15 Prozent von diesen Sollwerten gilt als normal.

Zur besseren Identifizierung von Unternehmen wollte die IATA den sogenannten CCIS (Corporate Client Identification Service) einführen, hat dies jedoch vorläufig - bedingt durch den Widerstand vornehmlich amerikanischer Travel Manager - zurückgezogen. Hierbei sollte einem Unternehmen nach dem Zufallsprinzip eine achtstellige Codenummer zugewiesen werden. Diese besteht aus

- vier Buchstaben oder Ziffern, mit denen die jeweilige Firma gekennzeichnet wird,
- zwei weiteren Nummern, mit deren Hilfe interne Zuordnungen im Unternehmen vorgenommen werden können (zum Beispiel Regionen, Geschäftsgebiete) sowie
- zwei Buchstaben für das Land, in welchem das Unternehmen seinen Sitz hat.

Dieser Corporate Client Identification Service sollte seitens des Reisebüros oder durch die Internet Booking Engine im GDS hinterlegt und via Bank Settlement Plan (BSP) an die betroffenen Airlines übermittelt werden. Diese wiederum hätten die Daten gefiltert oder ungefiltert den Unternehmen zur Verfügung stellen können.

Das Verfahren wäre jedoch optional für Airlines und Unternehmen gewesen, so dass hier nur von einer Zusatzmöglichkeit zur Gewinnung von MIS-Daten gesprochen werden kann.

Für die Verhandlungen mit der Hotellerie sind Kenntnisse über das Buchungsverhalten der Mitarbeiter und Sekretariate ebenfalls von essentieller Bedeutung. Zwar sind die Kreditkartengesellschaften heute weder in der Lage, den monetären Hotelumsatz in einzelne Bereiche (Zimmer, Restaurant, Sonstiges) zu splitten, noch daraus die sogenannten Roomnights zu reporten. Aber alleine die Zusammenfassung der Umsätze zu »Umsatz-Hitlisten« pro Stadt oder pro Land bieten wertvolle Entscheidungsgrundlagen.

Mit etwas Vorsicht sind die Kettenstatistiken zu nutzen, da gerade in der Hotellerie Verkäufe an der Tagesordnung sind und die Kreditkartengesellschaften immer erst mit einer Zeitverzögerung die entsprechende Zuordnung zwischen Hotelname und Kette herstellen.

Dabei wären die Umsätze durchaus transparenter darzustellen. Im Hotel lässt sich - Dank der DV-Systeme - jede einzelne

Zahlung einer Abteilung zuordnen. Kreditkartengesellschaften haben einen Pilotversuch mit einzelnen Ketten und Kettenhotels gestartet, der auf Basis einer Enhanced Data Platform die Daten aussagefähiger gestalten soll.

Hervorragende Auswertungen liefern auf Anfrage die Leihwagenunternehmen. Von der Durchschnittszeit der Anmietungen über die gebuchten Fahrzeugkategorien bis hin zu den Betankungskosten werden alle Detailinformationen aufbereitet.

Einzelumsätze beziehungsweise Einzeltransaktionen spielen für das MIS übrigens keine Rolle und dürfen aus rechtlichen Gründen auch nicht geliefert werden. Normalerweise ist in den entsprechenden Betriebsvereinbarungen festgelegt, welche Daten für welchen Zweck genutzt werden.

MIS-ENTWICKLUNGEN IN UNTERNEHMEN

Zur Zeit entsteht bei der Siemens AG der erste DataMart, um den vielfältigen Fragestellungen des MIS besser gerecht zu werden. Unterschiedliche Personenkreise (Management, Travel Manager, Einkauf und so weiter) haben unterschiedliche Fragestellungen und Anforderungen an das MIS. Das Unternehmen hatte sich nach einer Marktstudie entschlossen, selbst ein System zu entwickeln.

KREDITKARTEN IM MIS

Es gibt eine Reihe von guten Gründen, im Rahmen des Travel Managements in Unternehmen Kreditkarten zu nutzen. Die wichtigsten sind:
- Reduzierung interner Buchungsvorgänge,
- Reduzierung externer Zahlungsvorgänge,
- kumulierte Auswertung ermöglicht MIS,
- MIS ermöglicht gezielte Verhandlungen mit Leistungsträgern,
- detaillierte Auswertung ermöglicht Steuerung und Controlling,
- Kreditkarten ermöglichen die Identifikation von Firmenmitarbeitern (zum Beispiel bei Pay-as-you-fly, künftig auch beim Automatenverkauf der Deutschen Bahn),
- der durchgängige Einsatz einer IBE im Unternehmen ist aus Sicht der Prozessoptimierung nur im Zusammenspiel mit Kreditkarten sinnvoll.

Grundsätzlich wird zwischen Firmenkarten und Einzelkarten unterschieden. Bei Firmenkarten (auch Company Cards,

Reisestellenkarten, Logo- oder Lodge Cards genannt) ist die Nummer entscheidend, das heißt auch virtuelle Karten sind möglich. Einzelkarten werden auch Persönliche Kreditkarten, Corporate Cards oder Walking Cards genannt.

Der Herausgeber der Karte (außer Diners und American Express in der Regel eine Bank) wird als Emittent bezeichnet, dieser muss jedoch nicht zwingend auch der Abrechner sein. Nur bei Karten von American Express und Diners ist der Emittent immer gleichzeitig der Abrechner. Euro/Mastercard und VISA beispielsweise bedienen sich bei der Abrechnung Dritter (sogenannte Prozessoren, zum Beispiel GZS Gesellschaft für Zahlungssysteme, FDR oder Atos).

Herausgeber wie ADAC, BMW oder die Volkswagen AG werden als »faktische Emittenten« bezeichnet, die Karten nennt man Co-branded Cards.

Emittenten in Deutschland und Europa sind unter anderem American Express, Diners und die hinter Euro/Mastercard und VISA stehenden Banken. Speziell in Deutschland tritt noch AirPlus als faktischer Emittent für Euro/Mastercard und VISA in Verbindung mit der Reisestellenkarte auf. Auch die Reisebüroorganisationen offerieren dem Markt Co-branded Cards.

Ausgangsort der Zahlungsströme ist der jeweilige Point of sales, der in zunehmendem Maße online geschaltete POS-Terminals verwendet. Das Kreditkartenkonto des Kunden wird nach Abschluss des Zahlungsvorgangs online belastet.

■ DIE GRUNDLEGENDEN UNTERSCHIEDE DER KARTENSYSTEME

Firmenkarten

Firmenkarten sind sogenannte Zentralkarten für ein Unternehmen. Konzipiert, um ausschließlich Flugtickets und Bahnfahrkarten auf eine sogenannte Reisestellenkarte zu belasten. Zentraler Rechnungseingang, Prüfung der Sammelrechnung und Zuordnung zu Kostenstellen, Vorschusskonten, Projektnummern und so weiter erfolgt im Unternehmen. Der Rechnungsempfänger ist immer die Firma.

Vorteile der Firmenkarten ergeben sich durch die Zuordnung von MIS-Daten und bei der Behandlung von Teil- und Vollgutschriften.

In manchen Fällen ist allerdings ein hoher interner Aufwand nötig, um die Fehlerquote der manuell im Reisebüro erfassten Zusatzangaben (beispielsweise Kostenstelle, Personalnummer, Vorschusskonto) zu korrigieren. Neben diesen Bu-

UNTERSCHIEDE DER KARTENSYSTEME

chungen muss die Reisekostenabrechnung immer zusätzlich verarbeitet werden. Umsätze in der Hotellerie und bei Leihwagen werden nicht über die Sammelkarten erfasst und können daher vom MIS nicht berücksichtigt werden. Hintergrund ist, dass die Company Card immer einem Reisebüro zugeordnet ist.

Persönliche Kreditkarten
Persönliche Kreditkarten sind Einzelkarten, die auf den Namen des Mitarbeiters ausgefertigt werden. Mit der Karte können fast alle Ausgaben bestritten werden. Die Belastung erfolgt in der Regel auf ein persönliches Konto des Mitarbeiters. Denkbar ist es jedoch, dass die Rechnung erst einmal vom Unternehmen beglichen wird. Neben Flugtickets und Bahnfahrkarten werden auch Hotels und Leihwagen mit der Karte bezahlt. Der Einsatz Persönlicher Kreditkarten führt zu signifikanten Verringerungen der firmeninternen Prozesse, da ein Buchungsvorgang komplett entfällt und nur noch die Reisekostenabrechnung gebucht werden muss.
Die Zuordnung der MIS-Daten erfolgt über eine vorher festzulegende Firmenhierarchie. Nachträgliche Änderungen der Hierarchie sind schwierig. Fluktuationen der Mitarbeiter in-

nerhalb des Unternehmens werden nur dann berücksichtigt, wenn Mitarbeiterinformationen ständig aktualisiert werden. MIS sind auch für Hotellerie und Leihwagen möglich.

Schwierigkeiten aus treuhändischer Sicht ergeben sich bei der Behandlung von Teilgutschriften. Probleme entstehen bei Vollgutschriften, wenn zwischen Be- und Entlastung der Cut-off day, also der Tag der Rechnungsstellung, liegt. Interne Prozesse zur Erstattung von Reisekosten müssen problemlos funktionieren.

Bisher waren nur American Express und Diners in der Lage, eine weltweite Konsolidierung durchzuführen und mit einem MIS darzustellen. Durch die Gründung von GCPS haben die VISA-Banken das bisherige Monopol dieser Unternehmen durchbrochen.

Finanzierung der Kreditkartengesellschaften

Das Bereitstellen von Kreditkarten, das Abwickeln des Zahlungsverkehrs und die Bereitstellung von MIS-Daten ist eine Dienstleistung, die natürlich nicht zum Nulltarif zu haben ist. Deshalb wird eine Finanzierung dieser Leistungen von zwei Seiten her gespeist, einmal von der Jahresgebühr, die vom Inhaber der Karte erhoben wird, und zum zweiten durch das

UNTERSCHIEDE DER KARTENSYSTEME

Disagio, welches von dem Leistungserbringer an die Kartengesellschaft zu zahlen ist. Alle nachfolgend getroffenen Aussagen beziehen sich auf die Standardangebote der Kreditkartengesellschaften und sind meist verhandelbar.

Die Jahresgebühr bewegt sich in Deutschland je nach Karte zwischen 0 und 50 Euro und ist normalerweise Verhandlungssache. Die Jahresgebühren beinhalten meistens Versicherungen für den Invaliditäts- oder Todesfall, sofern die dem Schadensereignis zugrunde liegende Leistung mit der betreffenden Kreditkarte bezahlt wurde. Dies führte in der Vergangenheit zu Problemen, da beispielsweise ein Hotel erst bei Abreise bezahlt wird (Brand im Hotel, Gast verstarb). Deshalb bieten Kreditkartengesellschaften heute Versicherungen »rund um die Uhr« an, deren wesentliches Element es ist, dass die Versicherung unabhängig von der Bezahlung einer Leistung mit der Kreditkarte besteht, die Deckungssummen jedoch niedriger sind als die sonst bekannten Beträge.

Bei den Verhandlungen ist zu beachten, dass unter Umständen eine Doppelversicherung auftritt, da Leistungen im Rahmen der Dienstreiseunfallversicherungen in den Unternehmen abgedeckt sind.

Das Disagio bewegt sich - je nach Verhandlung zwischen Leistungserbringer und Kreditkartengesellschaft - zwischen unter einem Prozent (zum Beispiel bei Mineralölgesellschaften) und vier Prozent des vom Kunden bezahlten Preises. Bei Airlines wurde die Spanne 1,2 bis 1,9 Prozent beobachtet.

Bargeld kann ebenfalls mit der Kreditkarte besorgt werden, die hierfür verlangten Transaktionsgebühren liegen zwischen zwei und vier Prozent (zwei Prozent bei Nutzung des Automaten; vier Prozent bei manueller Auszahlung) der Auszahlungssumme, mindestens aber fünf Euro.

Unter Berücksichtigung eines Zahlungszieles von 28 Tagen liegt der Break-even der Kreditkartengesellschaften bei etwa 8500 Dollar pro Jahr und Karte. Ist er niedriger, muss die Kartengesellschaft die Finanzierung über eine gestaffelte Jahresgebühr sicherstellen. Ist er deutlich höher, kann über direkte oder geldwerte Rabatte verhandelt werden.

Akzeptanzstellen

Die Zahl der Akzeptanzstellen, das heißt von Leistungserbringern, die die Karte als Zahlungsmittel akzeptieren, ist in der Regel ein wichtiges Argument bei den Akquisitionsgesprächen, jedoch im Travel Management nicht von entscheidender Bedeutung. Fluggesellschaften und Leihwagenunternehmen akzeptieren alle Kreditkarten, in der Hotellerie ist es zwischenzeitlich ebenso üblich, alle Kreditkarten als Zahlungsmittel anzuerkennen. Einzig im Bereich der Bewirtung - das heißt in den Restaurants - gibt es mit der großflächigen Akzeptanz von Kreditkarten der Unternehmen American Express und Diners immer noch manchmal Probleme.

Zahlungsziel bei persönlichen Kreditkarten
Im Regelfall werden die Rechnungsbeträge unmittelbar nach Übersendung der Monatsrechnung vom Konto des Mitarbeiters abgebucht. American Express offeriert jedoch Zahlungsziele von bis zu 28 Tagen. AirPlus verlangt für solche Zahlungsziele Gebühren. Auch Zahlungsziele sind Verhandlungssache, wobei kürzere Fristen unter Umständen zu einer Rückerstattung für das Unternehmen führen können.

Einführung von Kreditkarten
Die Einführung von Kreditkarten im Unternehmen muss gründlich vorbereitet werden. Im Vorfeld - das heißt noch vor den Gesprächen mit den Kreditkartenunternehmen - müssen gewisse Eckdaten bekannt sein. Dazu gehören zumindest rudimentäre Kenntnisse über die Reiseströme und Ausgaben

für Dienstreisen des Unternehmens. Ferner muss im Vorfeld Klarheit über die abzubildende Firmenhierarchie herrschen. Ebenso müssen die bei dem Ist-Zustand vorhandenen internen Abläufe und die durch diese Abläufe entstehenden internen Kosten ermittelt worden sein. Auch mit der Arbeitnehmervertretung muss über die Absicht der Einführung von persönlichen Kreditkarten gesprochen werden.

Die wichtigsten der oben aufgeführten Punkte werden normalerweise in einer Betriebsvereinbarung zu finden sein.

Die fünf Hauptvorteile von Kreditkarten auf einen Blick
- Kreditkarten reduzieren die Reisekostenvorschüsse erheblich. Damit erhöht sich automatisch der Cashflow des Unternehmens.
- Die internen Prozesse werden stark reduziert.
- Der Ablauf bei Flug-, Hotel- und Mietwagenreservierungen wird vereinfacht.
- Neue Verfahren (zum Beispiel Pay-as-you-fly) werden nur durch Kreditkartensysteme sinnvoll.
- Für Einkaufsverhandlungen stehen reale Zahlen zur Verfügung (MIS-Auswertungen).

■ VOR- UND NACHTEILE VON ZENTRALEM UND DEZENTRALEM KARTENKONZEPT

Im Jahr 1999 wickelten allein die sechs großen in Deutschland tätigen Reisebüroketten zusammen rund 11,5 Milliarden DM Umsatz im Bereich Business Travel ab. Rechnet man die von den vielen mittelständischen und kleinen Reisebüros generierten Umsätze in diesem Bereich hinzu und unterstellt einen mindestens 80-prozentigen Anteil hiervon im IATA-Bereich, so ergibt sich ein Umsatzvolumen von rund zehn Milliarden DM Flugaufkommen im Geschäftsreiseverkehr. Hier erfolgt die Bezahlung - nicht zuletzt wegen der Firmenförderprogramme der Fluggesellschaften - fast vollständig über Kreditkarten.

Noch vor wenigen Jahren lagen die Disagiosätze der Kreditkartenunternehmen im Airlinebereich nahe der 2,5 Prozent-Marke. Sie sind allerdings in den letzten Jahren kontinuierlich gesunken, und zwar auf unter zwei Prozent. Das entspricht Kosten für die Fluggesellschaften in Höhe von rund 190 Millionen DM pro Jahr.

Mit der Propagierung der Airline-eigenen Kreditkarte wollten und wollen die Fluggesellschaften die von ihnen zu tragenden Disagiokosten weiter senken. Die allseits bekannte

AirPlus-Karte beispielsweise geht auf die älteste Zahlkarte der Welt, den 1936 eingeführten Universal Air Travel Plan (UATP) zurück. Heute hat AirPlus - nicht zuletzt dank innovativer MIS-Produkte - auf dem Gebiet der Reisestellenkarten einen Marktanteil von rund 90 Prozent und, gemessen am Gesamtvolumen, einen Anteil von insgesamt etwa 70 Prozent.

Die Airlines sparen bei Zahlung über eine UATP-Karte rund 0,4 Prozent Disagio, das summiert sich in Deutschland pro Jahr auf 28 bis 30 Millionen DM. Unterstellt man einen Lufthansa-Anteil von rund 60 Prozent am jährlich in Deutschland generierten Flugaufkommen im Business Travel-Bereich, so bedeutet dies einen zusätzlichen Ertrag von etwa 17 Millionen DM für Lufthansa. Vor diesem Hintergrund ist die Auseinandersetzung zwischen zentralem und dezentralem Zahlungssystem zu sehen.

AirPlus ist aus nachvollziehbaren Gründen ein Verfechter des zentralen Systems: Vor Beginn der Reise sollen alle Ausgaben über die zentrale Company Card (auch unter dem Namen Reisestellen- oder Firmenkarte bekannt) laufen, während der Reise über eine dezentrale Corporate Card (auch als Walking Card bezeichnet). MIS-Produkte wie Netto Print und Netto PC für den Flugbereich auf Couponebene (nur möglich bei Bezahlung des Flugscheines mit der zentralen Company Card) sowie ArteMIS PC für die während der Reise mit der dezentralen Corporate Card getätigten Ausgaben lassen entsprechende Auswertungen in den Unternehmen zu. Mit EasyData PC können Rechnungsdaten der Company Card auf Basis des LARS-Datensatzes aufbereitet werden.

Die Wettbewerber sind gegenwärtig American Express, Diners sowie aus der VISA- Welt neben der Dresdner Bank die Santander Management Gesellschaft (SMG). Bei diesen Unternehmen kann sich der Kunde für alle Varianten zentraler/dezentraler Verfahren entscheiden, bei American Express und Diners sogar national und/oder international für fast alle wichtigen Länder.

Das zentrale Kartenkonzept

Die zentrale Abwicklung führt im Unternehmen zu zusätzlichen Prozesskosten. Sie entstehen zwangsläufig dadurch, dass immer mindestens zwei Prozesse im Unternehmen generiert werden: der erste durch die Buchung der Company Card-Rechnung, der zweite durch die Reisekostenabrechnung. Außerdem lassen Zusatzdaten eine automatische Verarbeitung der

Rechnungsdaten nicht durchgängig zu, da sie immer auf händischen Eingaben der Reisebüromitarbeiter beruhen. Die Unternehmen benötigen diese Zusatzdaten wie Personalnummer, Kostenstelle, Abteilungsbezeichnung aber für die internen Buchungen. Diese Angaben werden über Start an die Kartenunternehmen weitergeleitet. Die Eingabe erfolgt durch den Reisebüromitarbeiter per Zusatzdatenmaske.

AirPlus entwickelt zusammen mit Amadeus eine automatische Übernahme von Zusatzdaten aus den in Amadeus hinterlegten Profilen. Wenn dies erreicht ist, entfallen die heute in den Reisebüros üblichen händischen Eingaben in der Zusatzdatenmaske. Damit erhalten diese Eingaben eine erheblich bessere Qualität, und der heute noch nicht durchgängig mögliche automatisierte Rechnungsabgleich rückt in greifbare Nähe. Dies hätte zur Folge, dass der Aufwand für die beschriebenen zwei Prozessschritte signifikant minimiert werden kann.

Pay-as-you-fly - eine neue Vertriebsform

Pay-as-you-fly ist eine Weiterentwicklung von Etix. Während bei dem bisher bekannten Verfahren des Electronic Ticketing nur der Druck des Flugscheins im Reisebüro unterdrückt wird, der gesamte Abrechnungslauf jedoch unverändert bleibt, wird bei dem neuen Verfahren der Point of sale vom Reisebüro weg zum Flughafen verlagert. Dieses Verfahren erspart allen Beteiligten erhebliche interne Prozesskosten, hat aber zur Folge, dass die dringend benötigten Zusatzdaten nicht mehr einfach über die Start Zusatzdatenmaske eingetragen werden können, da das Reisebüro in den Zahlungsstrom nicht mehr involviert ist. Deshalb muss - wie bereits im Kapitel »MIS und Kreditkarten« beschrieben - die entsprechende Information von den Reisebüros im PNR (Passenger Name Record, Datensatz in den Buchungsinformationen) über einen komplexen Syntax in sogenannten OSI-Elementen hinterlegt werden, welche Lufthansa filtert und den Kartengesellschaften zur Weiterverarbeitung wieder zur Verfügung stellt. Im Rahmen rückläufiger Provisionserlöse in den Reisebüros und den dadurch entstandenen neuen Vergütungsmodellen wird diese Leistung künftig zusätzlich vom Unternehmen zu bezahlen sein.

Das dezentrale Kartenkonzept
Das dezentrale Kartenkonzept basiert auf der Überlegung, dass die Reisekostenabrechnung in jedem Fall von dem Rei-

senden zu erstellen ist und alle im Zusammenhang mit der Reise stehenden Ausgaben enthalten soll/kann. Hierzu zählen auch die im Vorfeld gekauften Flugscheine (außer bei Pay-as-you-fly, hier entsteht der Wertefluss erst bei Reiseantritt), Bahnfahrkarten und so weiter.

Das Unternehmen veranlasst den Mitarbeiter, bei einem Vertragskreditkartenunternehmen eine Corporate Card (Walking Card) zu beantragen. Seine Ausgaben werden dieser Corporate Card belastet, das entsprechende private Reisekostenkonto - wenn vom Mitarbeiter gewünscht - wird kostenfrei angeboten.

Durch ein verlängertes Zahlungsziel (in der Regel 28 Tage nach Rechnungsstellung) soll gewährleistet werden, dass der Mitarbeiter bei zeitnaher Abrechnung seiner Dienstreise die angefallenen Reisekosten vom Unternehmen vor der Abbuchung des Kreditkartenunternehmens auf das Konto erstattet erhält.

Wenn die internen Prozesse im Unternehmen jedoch nicht oder nur unzureichend funktionieren, kann die notwendige Durchlaufzeit von maximal zehn Werktagen nach Abgabe der Reisekostenabrechnung nicht durchgängig gewährleistet werden. Daraus resultieren Sollzinsen, die dem Mitarbeiter zu erstatten sind.

Mit der Kreditkarte kann auch die notwendige Bargeldversorgung gesichert werden. Das reduziert interne Kassenvorgänge und erhöht den Cashflow des Unternehmens erheblich. Hierbei stehen die anfallenden Gebühren meistens in keinem Verhältnis zu den Einsparungen.

Schwierigkeiten ergeben sich aus Teilgutschriften. Diese entstehen immer dann, wenn auf Grund von Änderungen während der Reise Flugscheine gekauft werden müssen oder die Rückreise mit einem anderen Verkehrsmittel erfolgt. Das Ursprungsticket wird somit nicht vollständig ausgeflogen, es verbleiben nicht benutzte Coupons im Ticket. Mit der Reisekostenabrechnung wird nun sowohl der ursprüngliche als auch der zusätzlich während der Reise gekaufte Flugschein erstattet und das teilweise nicht benutze Ticket zur Erstattung eingereicht.

Während sich bei Vollgutschriften die Be- und Entlastung auf dem Konto des Mitarbeiters abspielt und ausgleicht, werden Teilerstattungen immer auf die Kreditkarte vorgenommen, auf welche die ursprüngliche Belastung erfolgte. Somit erhält der Reisende eine zweifache Erstattung und muss nun den Betrag für die Teilgutschrift an das Unternehmen zurückführen.

Geldwerter Vorteil

Die Lohnsteueraußen- und Betriebsprüfer der Finanzämter definieren die Übernahme von Jahresgebühren durch ein Unternehmen (»Null-DM-Jahresgebühr«) immer dann als geldwerten Vorteil, wenn nicht nachgewiesen werden kann, dass die Karte überwiegend zur dienstlichen Nutzung eingesetzt wurde. Deswegen muss in den Richtlinien verankert sein, dass die Corporate Card nur für dienstliche Zwecke verwendet werden darf. Handelt ein Mitarbeiter zuwider und stellt das Finanzamt eine missbräuchliche Verwendung fest, so ist das Unternehmen - bei entsprechender Gestaltung der Richtlinien - nicht haftbar zu machen. Das Finanzamt wird in diesem Fall die Angelegenheit mit dem Mitarbeiter regeln.

Eine Aussage über das »bessere« System lässt sich nicht generell treffen, sondern ist von Fall zu Fall unter Abwägung der Erfordernisse und der Gesamtsituation im Unternehmen zu entscheiden.

MIS-PRODUKTE
DER KREDITKARTENUNTERNEHMEN

■ AIRPLUS NETTO PC

Netto PC wird seit 1994 vertrieben, war zunächst eine Fremdentwicklung, wird aber jetzt von Lufthansa AirPlus selbst weiterentwickelt. Das System wird in Deutschland von mehr als 5000 Kunden eingesetzt. Außerhalb Deutschlands ist der Nutzungsgrad noch gering.

Bei der gängigen Version handelt es sich um eine PC-basierte Lösung. Eine Internetlösung ist geplant. Eine internationale Datenkonsolidierung ist möglich. Die Aktualisierung der Daten erfolgt monatlich. Netto PC ermöglicht eine sehr detaillierte Auswertung von Flugdaten. Andere Auswertungskriterien wie zum Beispiel Bahn, Hotel, Mietwagen stehen nicht zur Verfügung. Im Rahmen des Kriteriums »Flug« ist in der aktuellen Version erstmalig auch eine O&D-Auswertung (Origin and Destination, Abgangs- und Zielflughafen) möglich. Als Datenquelle dient ausschließlich die Reisestellenkarte (Company Card). Alle über die Walking Cards gekauften Tickets werden für das MIS nicht in Netto PC ausgewertet.

Netto Print und Netto PC ermöglichen dem Kunden eine Flugkostenanalyse auf Couponebene und schaffen damit eine Basis für erfolgreiche Preisverhandlungen mit den Fluggesellschaften. Durch den Einsatz von Zusatzdaten werden die Reports auch zur Analyse und Dokumentation der Reiserichtlinien noch aussagekräftiger.

Netto Print liefert vorher definierte Reports in Papierform. Netto PC ist - wie aus dem Namen ersichtlich - ein PC-Programm.

Listen von Netto Print

- Auswertung nach Luftverkehrsgesellschaft
- Auswertung nach Serviceklasse (First, Business, Economy)
- Auswertung nach Streckenbereichen
- Auswertung nach Teilstrecken
- Auswertung nach Zusatzdaten
- Auswertung nach Kombinationen von Kriterien
- Hitliste der 10 umsatzstärksten Luftverkehrsgesellschaften
- Hitliste der 10 umsatzstärksten Teilstrecken
- Auswertung nach Passagiername

Die Netto PC-Software kostet als Einzelplatzlizenz einmalig 2000 DM plus MwSt. Die Lieferung der Netto Print-Listen sowie die Datenlieferung für Netto PC erfolgt je nach Anforderung einmalig, monatlich, quartalsweise, halbjährlich oder jährlich. Die Kosten richten sich nach dem ausgewerteten Umsatz.

Was bietet Netto PC 5 dem Anwender?

Das System liefert alle über die wichtigsten GDS (Amadeus, Sabre, Galileo, Worldspan) gebuchten und über die Company Card abgerechnete Flugtransaktionen:

- Ticketwert bereinigt von allen Steuern und Gebühren, inklusive Reisebüroprovision (Net Issued Revenue, NIR)
- Planwerte, keine Flownwerte
- Wert des einzelnen Coupons wird durch das Prorate-Verfahren ermittelt
- vollständige Daten eines Verkaufsmonats
- Datenversand per Diskette oder via E-Mail, Software auf CD ROM

Dateninhalte
- Standardticketinformationen (zum Beispiel Teilstrecke, Flugdatum)

- abgeleitete Domaininformationen (zum Beispiel Länder, Streckenbereiche)
- Spezialinformationen (innerdeutsch, Etix)
- Nummern der Company Cards
- Adressinformation des Karteninhabers
- Kundenindividuelle Unternehmensstruktur (vier Ebenen)
- Zuordnung der Company Cards zu Reisebüros (Meta-Ebene)
- länderübergreifende Zuordnung der Company Cards (Meta-Ebene)
- Einrichtung individuell nach Kundenwunsch
- Auswahl aus zehn Zusatzdaten (zum Beispiel Kostenstelle, Projektnummer), die Eingabe dieser Informationen erfolgt zur Zeit noch bei der Verrechnung des erzeugten Tickets durch Mitarbeiter des Reisebüros.

Auswertungen
- detaillierte Couponauswertungen (ausführliche Ergebnisliste, Anzeige eines Summenblattes)
- sortierte Auswertungen mit Zwischensummen (Wahl eines oder mehrerer Sortierkriterien, Ausweis einer oder mehrerer Zwischensummen)

- Hitlisten (Erstellen einer »Bestenliste«, zum Beispiel Top 10 Airlines, Wahl eines oder mehrerer Subkriterien)
- eigene Fragestellungen (Filter) abspeichern
- Auswertungsergebnisse ausdrucken, exportieren und weiterbearbeiten
- benutzerindividuelle Einstellung des Tabellenlayouts
- Auswahl der relevanten Informationen aus 35 möglichen Spalten
- Wahl einer Listenüberschrift
- Ausdruck des gesetzten Filters auf einem separaten Blatt

Vorteile
- Flugumsatz-Analyse-Instrument
- Informationsbasis für Airline-Förderprogramme
- internes Flugstatistikprogramm zur Analyse des Flugverhaltens (Aufdecken von Umsatzkonzentration, Kontrolle der Reiserichtlinien, Aufkommen verursachungsgerecht analysieren, zum Beispiel nach Kostenstellen)
- Aufdecken von Einsparungspotentialen (Buchungsklassen, Preferred Carrier)
- Verfolgen des Einsatzes neuer Verfahren, zum Beispiel Etix

Internationalisierung

- Mehrwährungsfähigkeit
- Landeswährung (Abrechnungswährung des Tickets)
- Konsolidierungswährungen (DEM, USD, EURO)
- Englische PC-Version

■ AIRPLUS ARTEMIS

AirPlus ArteMIS existiert ebenfalls seit 1994. ArteMIS ist keine Eigenentwicklung. Die aktuelle Version V.3.1 ist seit November 1999 im Markt. Bei der gängigen Version handelt es sich um eine PC-Lösung, eine Online-Lösung ist geplant.

Zur Zielgruppe gehören sämtliche Firmenkunden mit Walking Cards. Ebenso wie bei Netto PC umfasst der Zielmarkt Europa (mit weltweiten Tendenzen).

Eine internationale Datenkonsolidierung ist möglich. Die Aktualisierung der Daten erfolgt monatlich. Mit ArteMIS können verschiedenste Kriterien wie beispielsweise Hotel, Mietwagen und - rudimentär - Flug ausgewertet werden. Da die Datenquelle die Corporate Card (Walking Card) ist, erfolgt die Datenerfassung dezentral. Das Unternehmen kann die Flugumsätze komplett in dem System darstellen lassen. Während Netto PC auf Basis des NIR (Ticketwert bereinigt von allen Steuern und Gebühren, inklusive Reisebüroprovision) reportet, werden in ArteMIS - so das Unternehmen es wünscht - die Umsätze brutto (mit dem vollen in Rechnung gestellten Wert) dargestellt.

Die ArteMIS PC-Software kostet als Einzelplatzlizenz 2000 DM plus MwSt. Die Datenlieferung ist ebenfalls kostenpflichtig, abhängig je nach ausgewertetem Umsatz, und kann monatlich, quartalsweise, halbjährlich oder jährlich zur Verfügung gestellt werden. Die ArteMIS Print-Listen werden kostenfrei angeboten und den Kunden nach Anforderung ebenfalls monatlich, quartalsweise, halbjährlich oder jährlich zur Verfügung gestellt.

ArteMIS PC 3.1 im Überblick
- detaillierte Auswertung aller Transaktionen der Company Card und geschäftlich genutzten Corporate Card
- Auswertung nach Zusatzkriterien wie Kostenstellen, Projektnummern und so weiter
- alle fakturierten Transaktionen
- schnelle Abfrageergebnisse, hohe Flexibilität
- Detaillierung im Hotel- und Mietwagen-Bereich
- Hinterlegung der firmeneigenen Struktur

Dateninhalte
- Daten der geschäftlich genutzten Company und Corporate Card
- fakturierte Bruttowerte
- Kartennummer
- Verkaufsdatum
- Rechnungsdatum
- Name des Vertragsunternehmens (zum Beispiel Hotelname)
- Ort, Land des Vertragsunternehmens
- Rechnungsbetrag, -währung
- alle Zusatzdatenfelder
- 10 Leistungsarten (Flug, Hotel, Bahn, Autovermietung, Einzelhandel, Reisebüro, Kfz, Gastronomie, Bargeld, Telefon)

Auswertungen
- kumulierte Auswertungen, zum Beispiel einzelner Branchen oder gesamt
- detaillierte Auswertungen, Herunterbrechen der Auswertungen bis zum Rechnungsposten

Bruttowerte aller Buchungen auch während der Reise
Auswertungen aller Buchungen über Company Card, Lufthansa AirPlus Corporate Card sowie der Corporate Cards anderer Kreditkarteninstitute per DataIN in die Lufthansa AirPlus Datenbank (Voraussetzung bei Auswertung von Daten anderer Kreditinstitute: Die Daten müssen Lufthansa AirPlus vom Kreditinstitut zur Verfügung gestellt werden)

Internationalisierung (Mehrwährungsfähigkeit)
– Landeswährung (Abrechnungswährung der Umsätze)
– Konsolidierungswährungen (DEM, EURO, USD)
– Englische PC-Version

Listen von ArteMIS Print
– Gesamtübersicht aller Kostenkategorien
– Flugliste
– Hitliste der Hotels sortiert nach Städten
– Hitliste der Hotelketten
– Hitliste der Autovermieterketten

■ AMERICAN EXPRESS FLIGHT POWER

Flight Power wurde von American Express selbst entwickelt und existiert seit 1998. Die derzeitige Version 1.3.3 ist PC-basiert und besteht seit dem Jahr 2000, eine neue Version ist für 2001 geplant. Eine Internetlösung wird angestrebt. Flight Power ist hauptsächlich bei multinationalen Großkunden mit hohen Flugkosten im Einsatz. Um die leistungsstarke und reichhaltige Funktionalität voll nutzen zu können, ist eine intensive Einarbeitung nötig.

Die internationale Datenkonsolidierung erfolgt über das Amex Network. Der Aktualisierungszyklus der Daten ist monatlich. Der Kunde kann über Flight Power analog zu Netto PC Flugdaten auswerten. Eine Vielzahl von Auswertungen sind möglich, unter anderem auch eine Analyse nach dem Kriterium O&D (Origin and Destination). Die Auswertungstiefe ist erheblich, da die Datenquellen sowohl von dezentralen Systemen (Walking Cards) als auch zentralen Systemen (Company Cards, bei American Express BTA-System genannt) stammen können.

FlightPower kann Berichte in bis zu drei Währungstypen erstellen. Das System steht in den Sprachen Deutsch, Englisch und Französisch zur Verfügung. Die Kosten für die Nutzung von Flight Power werden kundenspezifisch festgelegt.

Das Importieren von Daten ist einfach. Bei Bedarf oder zwecks Einhaltung der örtlich geltenden Datenschutzgesetze können Daten wie Passagiernamen für das Laden in die lokale Datenbank gesperrt werden. Mit Hilfe der Validierungsfunktion von FlightPower kann - falls gewünscht oder erforderlich - die Qualität der Daten noch einmal überprüft werden. Die Prüfkriterien umfassen Missing Data (Fehlende Daten) und Unrecognised Data (Unbekannte Daten).

FlightPower gestattet den Datenzugriff unter verschiedenen Gesichtspunkten, da die Möglichkeit besteht, auf der Grundlage der Unternehmenshierarchie eigenen Gruppen zu erstellen. Die Einrichtung einer eigenen Berichtsgruppe kann nach Geschäftsbereich - beispielsweise nach Tochterfirma, Abteilung oder Funktionsbereich - erfolgen.

FlightPower bietet eine umfassende Auswahl an Standardberichten. Diese Berichte sind unter Verwendung von Feldern wie geographischer Bereich, Fluggesellschaft und Datum konfigurierbar. Parameter wie Berichtszeitraum, Fluggesellschaft und geographischer Bereich können beliebig zusammengestellt werden. Daneben kann der »geübte Anwender« mit FlightPower auch eigene Berichtstypen erstellen und speichern, die die Daten gemäß spezifischen Anforderungen »einrichten«.

FlightPower kann so angepasst werden, dass die Policy des Unternehmens, das Beschaffungsprogramm und die Airline Agreements gespiegelt werden. Viele weitere ad hoc-Abfragen, zum Beispiel nach Fluggesellschaft und Flugklasse, sind möglich. Mit Hilfe der Abfragefunktion Query lassen sich die Daten nach den benötigten Informationen - zum Beispiel Art des Tickets oder Flugklasse - durchsuchen.

Ein Spezialbericht dient zur Überprüfung und Kontrolle der Einhaltung der Reiserichtlinien nach Flugklasse. In einem anderen Spezialbericht werden gekaufte Tickets aufgelistet, um Rabattvereinbarungen zu monitoren. Wenn der gewünschte Standard- oder Spezialbericht erstellt wurde, bietet FlightPower die Möglichkeit, die Daten graphisch darzustellen. Ausgewählten Daten können in andere Anwendungen exportiert werden, zum Beispiel Excel oder ASCII.

■ BANK SANTANDER SMARTMIS

Das Produkt wurde von der Bank Santander Anfang 2000 entwickelt. SmartMIS ist online verfügbar. Zur Zeit nutzen es europaweit etwa 100 Kunden aller Größenordnung.

Neben den Kreditkartendaten können auch GDS-Daten ausgewertet werden. Die internationale Datenkonsolidierung erfolgt monatlich. Die Auswertungsbreite, das heißt die Anzahl der Auswahlkriterien (Bahn, Flug, Mietwagen, Hotel und so weiter), ist sehr groß. Eine Auswertung nach dem Kriterium O&D (Origin und Destination) ist möglich. Die Datenquellen umfassen neben der persönlichen Kreditkarte (Walking Card) auch die Reisestellenkarte. Somit erfolgt die Datenerfassung zentral und dezentral.

Die Kosten für die Nutzung von SmartMIS werden kundenspezifisch festgelegt.

Als erste Eingabe ist immer die Auswahl des Buchungszeitraumes einzutragen. Danach hat der Nutzer die Auswahl zwischen Vertragshändler, Karteninhaber, Firmenkreditkarten, Analyse und Stammdaten. Innerhalb der Kategorie »Vertragshändler« bestehen folgende Auswertekriterien: Namen des jeweiligen Vertragshändlers, Airlines, Hotels, Autovermietung, Bahn, Restaurants und Tankumsätze.

Nach Auswahl eines dieser Punkte erhält man eine Liste mit den Namen der Vertragshändler sowie den über jeden Vertragshändler getätigten Gesamtumsatz. Eine Detailauflistung der getätigten Umsätze ist möglich.

Ebenfalls möglich ist eine alphabetisch gegliederte Übersicht über alle Karteninhaber. Das System liefert Informationen über:
- Karteninhaber
- Kartennummer
- Summe der Transaktionen
- Summe der Händler
- Betrag

Die Auswahl nach Firmenkreditkarten ist der vorherigen Struktur sehr ähnlich und ermöglicht eine Auswertung nach dem Firmenkreditkarteneinsatz. Sie ist aufgeschlüsselt in:
- Kartennummer
- Karteninhaber
- Anzahl der Transaktionen
- Betrag

Umsatzanalysen sind quartalsweise oder pro Jahr möglich. Sie berücksichtigen die Posten:
- Gesamtumsatz
- Anzahl der Transaktionen
- Airlines

- Hotels
- Autovermietungen
- Bahn
- Restaurants
- Tankumsätze
- Telefon
- Bargeld
- Sonstige Umsätze Pkw/Transportmittel
- Sonstige Reisebüroumsätze
- Sonstige Airportumsätze, -gebühren
- Sonstige Transaktionen/Einzelhandel
- Umsatz Inland
- Umsatz Euroland
- Umsatz Ausland
- Anzahl Transaktionen Bargeldbesorgung

Die Funktion Stammdaten zeigt die Liste der ausgegebenen Firmenkreditkarten. Diese enthält folgende Angaben:
- Kartennummer,
- Kartenprogramm,
- Vorname und Nachname.

Die Transformation der Datei in das Excel-Format ist möglich.

■ DINERS CLUB GLOBAL VISION

Global Vision existiert seit etwa 1990. Die derzeitige Version 3.1 ist PC-basiert, eine Online-Lösung ist geplant.

Es erfolgt eine internationale Datenkonsolidierung in der Diners Club Zentrale in Colorado. Ein europäisches Helpdesk ist in London ansässig. Der Aktualisierungszyklus ist monatlich. Global Vision kennt drei Hauptkriterien für die Auswertung: Flug, Hotel und Mietwagen.

Eine Auswertung der Bahnleistungen ist in Vorbereitung. Auch hier ist eine Auswertung nach O&D (Origin and Destination) möglich. Die Datenquellen umfassen neben der persönlichen Kreditkarte (Walking Card) auch die Reisestellenkarte, so dass die Auswertung zentral und dezentral erfolgen kann. Es besteht die Möglichkeit, kundenspezifisch über das System weitere Datenquellen zu konsolidieren.

Die Kosten für die Nutzung von GlobalVision werden kundenspezifisch festgelegt.

■ VISA INFOSPAN

InfoSpan von VISA entspricht von der Leistungsfähigkeit her dem AirPlus-System ArteMis. Die große Schwachstelle des Systems ist somit auch der Flugbereich. Wie bei AirPlus werden systemseitig nur die Gesamtumsätze mit den Fluggesellschaften, jedoch nicht der Wert des einzelnen Coupons, dargestellt. Jede Bank, welche die VISA-Karte emittiert, kann den Kunden das System anbieten.

WIE VIEL MIS BENÖTIGEN WIR WIRKLICH?

Es gilt der Grundsatz »Weniger kann mehr sein«, denn es ist unsinnig, alle verfügbaren Daten zu sammeln, ohne diese konsequent auszuwerten. Die Selbstbeschränkung ergibt sich automatisch, wenn im Rahmen eines MIS - Konzeptes vor jedem Abruf folgende Fragen gestellt werden:

– Wofür brauche ich diese Information?
– Hat sie eine hohe Wertigkeit?
– Dient sie zur Steuerung?
– Kann ich die daraus gewonnenen Erkenntnisse umsetzen?

Wenn hierbei nur eine Frage mit »nein« beantwortet wird, kann der Abruf oder die Lieferung unterbleiben.

DAS V-KON-PROGRAMM

Der Verband Deutsches Reisemanagement e.V. (VDR) hat es sich zur Aufgabe gemacht, Unternehmen aller Größenordnungen bei der Effizienzsteigerung und Kostenreduzierung auf dem Sektor Geschäftsreisen zu unterstützen.

Ein bewährtes Instrument hierfür ist das unbürokratische V-KON-Programm, das die Flugkosten konsolidiert. Die konkrete Hilfe kann sich sehen lassen: Erstattungen von bis zu 40 Prozent sind möglich. Faustregel: Schon für Unternehmen mit über 700.000 Euro Gesamtreisekosten lohnt es sich. Der VDR ist der einzige Verband, der seinen Mitgliedern ein solches Ersparnisprogramm bietet.

VDR-Service GmbH

Louisenstraße 117

61348 Bad Homburg

Telefon 06172 983070

Fax 06172 84343

eMail: info@vdr-service.de

Internet: www.vdr-service.de

ABKÜRZUNGSVERZEICHNIS, GLOSSARIUM

Ad-hoc-Report

Sonderauswertung zur Beantwortung spezieller
und nicht routinemässiger Fragestellungen

Agreement

hier: Preisabkommen mit Lieferanten

AIR

Amadeus Interface Record

Amadeus Interface Record (AIR)

Datensatz, der den Inhalt des über Amadeus gebuchten
PNRs in einer definierten Form liefert

Atos

ein Prozessor

Bank Settlement Plan (BSP)

Von der IATA beauftragtes Unternehmen, dessen wichtigste
Aufgabe die Sicherstellung des monetären Datenflusses
zwischen Reisebüros und den Fluggesellschaften ist.
Kreditkartengesellschaften können von diesem
Unternehmen entgeltlich detaillierte Couponinformationen
(ohne Coupon Value) beziehen.

BSP

Bank Settlement Plan

CCIS

Corporate Client Identification Service

Client

hier: ein in einem Netzwerk eingebundener PC

Co-branded Cards

Kreditkarten, die neben dem Logo der Bank und/oder der Kreditkartengesellschaft noch ein weiteres Logo führen, zum Beispiel das eines Unternehmens oder einer Vereinigung

Company Card

auch unter der Bezeichnung Reisestellenkarte, Firmenkarte, Sammelkarte, Ghostcard oder Lodgecard bekannt; wesentliches Merkmal: das Unternehmen ist Rechnungsempfänger

Cordira.com

Internet-basiertes System für die Hotellerie, von Trust entwickelt, an TQ3 verkauft

Corporate Card

Persönliche Kreditkarte, auch als Walking Card oder Zahlkarte bezeichnet, ausgefertigt auf den Namen des Reisenden. Rechnungsempfänger ist der Mitarbeiter. Wird in der Regel über ein privates Bankkonto abgerechnet.

Corporate Client Identification Service (CCIS)

achtstellige Codenummer der IATA

Corporate Net Fares

Zwischen dem Nachfrager (zum Beispiel Firmenkunde) und dem Leistungserbringer (zum Beispiel Fluggesellschaft) vereinbarter Preis, meist für bestimmte Destinationen oder Länder mit hohem Aufkommen. Der vereinbarte Preis enthält in der Regel keine Provision, keine Zusatzprovision und keine Firmenförderung.

Coupon Value

Wert des Flugcoupons für die Verrechnung zwischen den Fluggesellschaften, einziger für das Flug-MIS relevanter Wert.

CRS

Computer Reservation System, DV-Lösung eines Leistungserbringers

Cut-off day

Tag der Rechnungsstellung bei Kreditkartenabrechnungen

cytric

IBE von i:FAO

DataMart

»Marktplatz« für MIS-Daten. Unterschiedliche Personenkreise können die für sie relevanten Informationen abrufen.

Data Warehouse

Im Data Warehouse werden alle relevanten, durch die Reiseaktivitäten anfallenden Informationen gesammelt, komprimiert und analysiert.

Datenkonsolidierung

Sämtliche für das MIS relevante Daten werden zusammengefasst und komprimiert. Die Konsolidierung erstreckt sich hierbei nicht nur auf Einzelunternehmen, sondern berücksichtigt auch vorher definierte Konzernstrukturen und kann somit firmenübergreifende Ergebnisse liefern.

Disagio

hier: vereinbarter Prozentsatz, den die Kreditkartengesellschaft von einem Leistungserbringer (zum Beispiel Fluggesellschaft, Hotel, Leihwagenunternehmen) bei der Zahlung in Abzug bringt.

DV

Datenverarbeitung

Eingabesyntax

Genau definierte Reihenfolge einer Eingabe in einem DV-System. Hierbei sind die entsprechenden Formate vorgegeben.

Einzelkreditkarte

Die individuelle Kreditkarte des Mitarbeiters, auch Persönliche Kreditkarte, Corporate Card oder Walking Card genannt, auf den Namen des Mitarbeiters ausgefertigt.

Emittent

Herausgeber einer Kreditkarte (in Deutschland und Europa außer American Express und Diners in der Regel die hinter Euro/Mastercard und VISA stehenden Banken)

Electronic Ticketing

Der Ausdruck des Flugscheins wird bei Erstellung im Reisebüro unterdrückt und findet am Flughafen statt. Die Lieferung des Flugscheins vom Reisebüro an den Reisenden unterbleibt somit.

Etix

Markenname für Electronic Ticketing der Deutschen Lufthansa

faktischer Emittent (von Kreditkarten)

zum Beispiel Reisebüroorganisationen, ADAC, BMW, Volkswagen AG sowie Lufthansa AirPlus für Euro/Mastercard und VISA in Verbindung mit der Walking Card

FDR

ein Prozessor

Filetransfer

Übermittlung von Daten zwischen einzelnen DV-Anwendungen. Hierbei handelt es sich um eine zeitversetzte Übermittlung, die meistens nachts erfolgt.

Firmenkarte

siehe Company Card

Flownwert

Wert des einzelnen Flugcoupons nach Erstellung des Tickets

GCPS

Global Commerical Payment Solutions

GDS

Global Distribution System

Gesellschaft für Zahlungssysteme (GZS)

ein Prozessor

Global Commerical Payment Solutions (GCPS)

weltweites Abrechnungs- und Management Information System durch einen Zusammenschluss diverser Banken in verschiedenen Ländern

Global Reservation System (GRS)

elektronisches Vertriebssystem, ursprünglich von Fluggesellschaften entwickelt, zum Beispiel Amadeus, Galileo, Sabre, Apollo, Worldspan, Abacus

GZS

Gesellschaft für Zahlungssysteme, ein Prozessor

Handling Fee

Vergütungsart in der Beziehung Reisebüro-Firmenkunde

Host-Systeme

Großrechner

HTML-Format

Format, welches auf jedem PC mit installiertem Browser dargestellt werden kann

IATA

International Air Transport Association

IBE

Internet Booking Engine

ID

Abkürzung für Identifikation

i:FAO

Hersteller der Internet Booking Engine cytric

International Air Transport Association (IATA)

weltweiter Dachverband der Fluggesellschaften

Internet Booking Engine (IBE)

Software mit deren Hilfe Prozesse im Geschäftsreiseverkehr optimiert werden. Wesentliches Kennzeichen einer IBE sind der direkte Zugriff auf ein GDS und ein Modul, mit dessen Hilfe die Reiserichtlinien eines Unternehmens hinterlegt und bei Buchungen aktiviert werden. Auch Travel Managenemt System (TMS) genannt.

Key

in Datenbanken der absolute Schlüssel zum Auffinden einer Buchung oder zur Verknüpfung von Datenbankinformationen

LAN

local area network

LARS

Lufthansa AirPlus RechnungsSatz

LCC

Lufthansa City Center

local area network (LAN)

Netzverbindung in einem begrenzten Bereich (zum Beispiel Gebäude oder Standort), mit deren Hilfe Daten zwischen Servern und lokalen PCs und/oder Druckern ausgetauscht werden

Lodge Card

siehe Company Card

Logokarte

siehe Company Card

Lufthansa AirPlus RechnungsSatz (LARS)

Datensatz, der auf Wunsch an das Unternehmen mit jeder Rechnung/Gutschrift ausgeliefert wird und dessen Inhalt exakt diese Rechnungs- beziehungsweise Gutschriftspositionen enthält. Mit LARS ist - nach einer eventuellen Korrektur fehlerhafter oder unvollständiger Zusatzdaten - eine autonome Weiterverarbeitung der Sammelrechnung im Rechnungswesen möglich.

Management Fee

Vergütungsart in der Beziehung Reisebüro-Firmenkunde

Maske

hier: vorgefertigtes Eingabeformat auf dem Bildschirm.
Die Eingaben können vor dem Abspeichern systemseitig auf Plausibilität geprüft werden.

Meta-Ebene

keine Begrenzung in der Verknüpfung (Zuordnung) verschiedener Datenfelder

MIS

Management Information System

Missed Saving Report

Darstellungen von nicht realisierten Einsparungen

Missing Data

fehlende Daten

Net Issued Revenue (NIR)

Ticketwert bereinigt von allen Steuern und Gebühren, inklusive Reisebüroprovision

NIR

Net Issued Revenue

O&D

Origin and Destination

Online Reporting Engine

Software für Direktabfragen von MIS-Daten im Host-System. Zugriff erfolgt in der Regel über das Internet.

Origin and Destination (O&D)

Ausgangs- und Zielort

OSI

Other Service Information

Other Service Information (OSI)

Information im PNR, die an alle oder nur bestimmte Empfänger weitergeleitet wird

Passenger Name Record (PNR)

Datensatz in den Buchungsinformationen der GDS/CRS

Pay-as-you-fly

Weiterentwicklung von Etix, der Flugscheinkauf entfällt

PCO

Professional Congress Organizer

Persönliche Kreditkarte

Einzelkreditkarte, also die individuelle Kreditkarte des Mitarbeiters, auch Corporate Card oder Walking Card genannt; auf den Namen des Mitarbeiters ausgefertigt

PNR

Passenger Name Record

Policy

hier: Reiserichtlinie

POS

Point of sale

Post-Travel-System

hat das Ziel, die Reiserichtlinien und die Kostengestaltung weiterzuentwickeln. Das MIS bildet hierfür die Grundlage.

Preferred Carrier

bevorzugte Fluggesellschaft

Pre Travel Reports

Aufstellungen darüber, wer wann wohin mit welchen Ressourcen zu welchem Preis reisen will; Möglichkeit, vor Reiseantritt auf die unternehmensweite Einhaltung der Reise- und Kostenrichtlinien zu achten.

Procurement

Beschaffungswesen

Prorate-Verfahren

Verrechnungsabkommen zwischen den Airlines

Prozessor

übernimmt innerhalb der Kreditkartenabrechnung die Sicherstellung der monetären Datenströme, zum Beispiel AirPlus, GZS, FDR, Atos

Reisestellenkarte

siehe Company Card

Roomnights

Summe von zimmerbezogenen Hotelübernachtungen in einem bestimmten Zeitraum

Sammelkarte

anderer Begriff für Company Card

Saving Reports

Kostenersparnis-Übersichten

SMG

Santander Managementgesellschaft, Tochter der Santander Direktbank

Syntax

Nachbildung eines für die korrekte Speicherung in Datenbanken notwendigen Satzaufbaus

TM

Travel Management

TMS

Travel Management System

Tool

Instrument, Werkzeug

TQ3

Nachfolger von TUI Business Travel, Zusammenschluss der Geschäftsreiseaktivitäten von Hapag Lloyd und First Business Travel

Travel Management System (TMS)

auch IBE genannt

UATP

Universal Air Travel Plan

Universal Air Travel Plan (UATP)

Älteste Zahlkarte der Welt, 1936 eingeführt. Antwort der Airlines auf die zunehmende Zahlung über etablierte Kreditkartensysteme mit dem Ziel einer Verringerung der anfallenden Disagiokosten. Emittent einer UATP-Karte ist die Fluggesellschaft, in der Regel der sogenannte Home Carrier.

unique

Begriff aus der Datenverarbeitung. Feldinhalt darf in der Datenbank nur einmal vorhanden sein. Meistens ein Key, der systemseitig vergeben wird.

Unrecognised Data

unbekannte Daten

VDR

Verband Deutsches Reisemanagement e.V. (VDR)

virtuelle Karten

Die Prägung einer Kreditkarte entfällt, Belastungen werden nur über eine Nummer abgewickelt.

V-KON

Flug-Konsolidierungsprogramm des VDR

Walking Card

Einzelkreditkarte, also die individuelle Kreditkarte des Mitarbeiters, auch Persönliche Kreditkarte oder Corporate Card genannt, auf den Namen des Mitarbeiters ausgefertigt

WAN

wide area network

wide area network (WAN)

funktioniert grundsätzlich wie ein LAN, verbindet aber mehrere Standorte auch über weite Entfernungen. Arbeitet in der Regel mit LAN-Routern zusammen.

Workflow

Idealzustand: durchgängiger Prozess ohne Medienbruch, bei dem einmal vorhandene Daten innerhalb des Prozesses durch vor- und nachgelagerte Systeme ergänzt werden

Zahlkarte

anderes Wort für Corporate Card

Zentralkarte

anderes Wort Company Card

Zusatzdaten

Zusatzinformationen auf einer Sammelrechnung

ÜBER DEN AUTOR

Hans Lehrburger absolvierte von 1966 bis 1969 beim amtlichen bayerischen Reisebüro in München eine Lehre zum Reiseverkehrskaufmann. Bis 1979 war er als Mitarbeiter an verschiedenen Standorten des Unternehmens tätig.

1979 wechselte er zur Siemens AG Bereich Medizinische Technik als Leiter der Reisestelle. Dort baute er eine umfassende Travel Management Organisation inklusive MIS auf. Er war zuständig für die Bereiche Controlling und verantwortete die Reisekostenabrechnung sowie Kongresse und Tagungen weltweit.

1988 gründete er die HLC Consulting + Software für den Geschäftsreiseverkehr, Herzogenaurach, ein auf das Travel Management spezialisiertes Beratungsunternehmen, 1997 die med travel GmbH Erlangen, eine Firma für Dienstleistungen im Travel Management mit PCO-Funktion. 1998 war er Mitgründer und Geschäftsführer der BTS GmbH (Business Travel Solutions), ein Unternehmen mit den Schwerpunkten Optimierung Prozesskosten und DV-Lösungen für das Travel Management.

Seit 1998 ist Hans Lehrburger im Rahmen der VDR Akademie auch als Ausbilder für die Qualifikation zum »Certified Travel Manager« tätig.

Fit mit Fachbüchern

Travel Management Aktuell

Band 1
Markus Melzer
Geschäftsreise online
Prozesse optimieren, Programme interaktiv einsetzen

Darstellung der Grundlagen der Prozesskostenanalyse im Travel Management und der Einsatzmöglichkeiten von Informationssystemtechnologie. Die Konzepte von AirPlus, SAP, American Express und SBS/i:FAO.
128 Seiten
mit Abbildungen,
Originalausgabe
März 2000
ISBN 3-9806170-3-3

Die Reihe »Travel Management Aktuell« erscheint unter der Schirmherrschaft der Lindner Hotels AG und in Zusammenarbeit mit der VDR-Akademie, Institut für Geschäftsreisemanagement.

Band 2
Andrea Zimmermann
Wirksame Reiserichtlinien
Vom Genehmigungsverfahren bis zur Abrechung

Ausführliche Darstellung der wichtigsten Inhalte von Travel Management Policies, z.B. Genehmigungsverfahren, Beleganforderungen und Reisekostenvorschüsse. Die Autorin geht aber auch in Anlehnung an steuerliche Rahmenbedingungen auf Besonderheiten wie Sachbezugswerte und Doppelte Haushaltsführung ein. Zahlreiche Formulierungsvorschläge machen das Buch zum praktischen Kompendium, das das Thema systematisch abarbeitet.
128 Seiten,
Originalausgabe
November 2000
ISBN 3-9806170-4-1

Band 4
Andreas Wilbers
Partner Reisebüro
Richtige Auswahl, moderne Vergütung

Unternehmen müssen sich durch die anhaltenden Provisionskürzungen auf deutlich höhere Kosten für die Reisebürodienstleistung einstellen. Gleichzeitig können und wollen die Unternehmen sich keine großen Travel Management-Abteilungen leisten. Die derzeitigen Prozesse zwischen Unternehmen und Reisebüros müssen den grundlegenden Veränderungen angepaßt werden. Das stark praxisorientierte Buch hilft dabei.
128 Seiten,
Originalausgabe
September 2001
ISBN 3-9806170-7-6

Alabasta Verlag 2000

Reise-Management

Modernes Geschäftsreise-Management - 25 Jahre VDR
152 Seiten,
Originalausgabe 1999,
ISBN 3-9806170-2-5

Inhalt u.a.
Vom Reisestellenleiter zum Travel Manager - Die aktuelle Aufgabenstellung in den Unternehmen,
von Michael Kirnberger
Die Reiserichtlinie - Partitur des Travel Managers,
von Andrea Zimmermann
Einkaufsstrategien und Verhandlungen mit Leistungsanbietern,
von Andreas Wilbers
Vergütungssysteme im Travel Management,
von Hans Lehrburger
Interkulturelle Aspekte bei Geschäftsreisen,
von Dr. Hans-Jürgen Schindler
Geschäftsreisen per Intranet buchen,
von Mike Bassmann und Angelika Krämer
Wichtige Internet-Adressen für die Reiseplanung
Das V-KON-Programm: Geld sparen ganz easy
Die VDR-Akademie, Institut für Geschäftsreisemanagement

Modernes Geschäftsreise-Management 2001
160 Seiten,
Originalausgabe 2000,
ISBN 3-9806170-5-X

Inhalt u.a.
Der VDR zur Jahrtausendwende,
von Michael Kirnberger
Workflow Solutions im Travel Management,
von Walter Worbs
Die Vergütung der Reisebüros,
von Andreas Wilbers
Die Steuerung des Hoteleinkaufs,
von Andrea Zimmermann
Bett, Bad und Benefits,
von Maria Pütz-Willems
Autos mieten - aber richtig,
von Dr. Hans-Jürgen Schindler
Kosteneinsparung durch Fuhrparkmanagement,
von Karsten Rösel
Codes im Flugverkehr,
von Gerd Otto-Rieke
eCommerce im Reisebereich,
von Thomas Drexler
Das Siemens TravelNet in der Praxis,
von Mike Bassmann und Susanne Goldammer
Internet-Adressen für die Reiseplanung, *von Gerd Otto-Rieke*
Geschäftsreisen und Visa,
von Jochen Mesenberg
Geschäftsreisen und Gesundheitsvorsorge,
von Dr. Bettina Fuchs

Modernes Geschäftsreise-Management 2002
etwa 160 Seiten,
Originalausgabe Dezember 2001,
ISBN 3-9806170-8-4

Inhalt

Travel Management
Einkauf & Verkauf - Vernunftehe mit Gütertrennung,
von Daniela Schade und Ralph Rettig
Die Bedeutung der Reisekosten in Unternehmen, *von Daniel Fisher*
TM im Zeitalter der Globalisierung,
von Andreas Urban
Kosten-Nutzenanalyse bei der Prozessoptimierung, *von Hans Lehrburger*
Incentiveprogramme für KMU,
von Torsten Schäfer
Extra-Services im TM,
von Gerd Otto-Rieke

Neue Medien
Business Travel im 3. Jahrtausend,
von Michael Kirnberger
Reisekostenabrechnungsprogramme und ihre Implementierung,
von Andrea Zimmermann
Projektplanung zur Einführung eines Travel Management Systems,
von Andreas Wilbers

Reisebüros
Das Reisebüro - vom Handelsvertreter zum Händler?, *von Klaus Laepple*

Hotels
Die VDR-Hotelzertifizierung,
von Haakon Herbst
Der Beherbergungsvertrag - Bestellung, Änderung, Storno,
von Bernd Geyer

Verkehr
E-Commerce bei der DB,
von Reinhold Pohl

Geschäftsreise
Sicherheit auf Reisen,
von Dr. Hans-Jürgen Schindler
Versicherungen für Geschäftsreisen,
von Dr. Adrian von Dörnberg

Karriere
Werdegänge im TM
Erfolgsgeschichten im TM

VDR-Dokumentation

Alabasta Verlag 2000

Tourism Germany

A MONTHLY NEWSLETTER

seit 1997
weltweite Verbreitung
Kurzmeldungen und Trends
vom deutschen Reisemarkt
in englischer
Sprache

Probeexemplare und Mediadaten:
Tourism Germany

ALABASTA VERLAG 2000

Heide Rieke
Am Schnepfenweg 52
80995 München
Tel. 089 15090842
Fax 089 15090843
alabasta@t-online.de